빛나는 아이로 키우는

자존감 육아

빛나는 아이로 키우는
자존감 육아

초판 발행 | 2017년 6월 20일
초판 3쇄 | 2021년 5월 20일
—
지은이 | 이미형, 김성준
—
만든이 | 이은영
만든곳 | 오후의책
등 록 | 제300-2014-14호
주 소 | 세종시 마음로 18
메 일 | ohoonbook@naver.com
전 화 | 070-7531-1226
팩 스 | 044-862-7131
—
ISBN | 979-11-87091-07-3 03370
값 | 14,000원

심리상담가 엄마와 의사 아빠의
20년 부모공부 이야기

빛나는 아이로 키우는

자존감 육아

이미형, 김성준 지음

오후의책

아이를 키우는 것과 집을 짓는 것

상담을 하면서 많은 사람들을 만났다. 그들 중에는 기질적인 원인으로 심리적인 문제를 겪고 있는 사람도 있고, 일시적인 충격이나 큰 사건으로 정신적인 병이 생긴 경우도 있다. 그런데 의외로 가족간의 갈등을 해결하지 못해 생긴 심리적 문제로 오는 경우가 생각보다 많았다.

누군가는 가족이 해체되고 있는 지금의 변화 속에서 '가족'이란 것은 이미 시대에 뒤떨어진 주제라 할지 모르겠다. 그러나 많은 내담자를 통해 내가 얻은 진실은 오히려 지금이 가족의 의미에 대해 더 깊이 생각해야 할 때라는 것이다. 특히 '자녀 양육'은 단지 한 가정의 문제뿐만 아니라 대한민국의 미래를 위해 사회적으로 함께 고민해야 할 문제이다.

나는 '자녀 양육'과 '가족'에 대해 더 많은 연구를 해나갈 것이다. 그러기 위해서는 나의 양육의 경험과 우리 가족에 대해 생각하고 반성하는 시간이 필요했다. 그래서 교육과 상담심리를 전공하며 습득한 이론과, 아이를 키우면서 직접 부딪쳐 깨달은 양육과 교육에 대해 기록하려 한다.

나는 아이들과 보내는 시간이 더 가치 있다고 생각해 박사과정을 포기하고 육아에 뛰어들었지만, 육아의 현실은 박사 공부보다 더 어렵고 힘들었다. 내 아이라는 욕심에 기인한 이론과 현실의 간극은 나를 더 힘들게 했다.

청소년의 부모들을 상담하다 보면 나에게 아이를 키워 본 경험이 있는지를 묻곤 한다. 어쩌면 다행(?)인지 나는 두 아이를 길렀다. 양육에 있어 유소년기와 청소년기가 가장 중요하다고 강조하는 입장에서 나 자신이 어떻게 아이들을 교육하고 양육하였는지를 살펴보는 것은 연구의 과정이기도 했다. 게다가 전문가로서 해보지도 않고 하지도 않은 일에 대해 내담자와 상담을 하고, 지식만으로 조언을 한다는 것은 상담의 질을 떨어뜨리는 일이기도 하다.

성인이 된 자녀가 힘든 일에도 흔들리지 않고 행복할 수 있는 기본 조건은 무엇일까. 양육은 집을 짓는 것과 흡사하다. 기초만 튼튼하다면 비록 시간이 걸리더라도 비바람에 흔들리지 않는 집을 지을 수 있다. 자녀가 자존감을 가진 건강한 성인으로 자랄 수 있도록 하는 것은 부모의 몫이다. 나는 기초공사보다 인테리어에만 신경을 쓴 집처럼 자란 자녀가 성인이 된 후 한순간에 무너지는 것을 너무나 많이 보았다. 내부 인테리어도 중요하지만 집을 짓는데 중요한 것은 누말할 필요 없이 기초공사이다. 이제 내가 생각하는 중요한 기초공사인 독서, 놀이, 학습,

대화 그리고 꿈에 대한 이야기를 하려고 한다.

지나간 시간은 돌아오지 않는다. 아이가 태어나고 수유를 하고, 침대 맡에 뉘여 놓고 책을 읽어 주고, 출근길에 같이 산책하고, 놀이동산 회원권으로 끝없이 놀이기구를 타던 일, 수많은 여행지의 추억, 인라인스케이트와 자전거 여행, 공부하고 고민하던 기억. 힘이 들었든 즐거웠든 모든 육아의 추억은 다시 돌아오지 않는다.

이 글은 남편과 함께 썼다. 양육은 혼자의 힘으로 할 수 있는 것이 아니며 그래서도 안 된다. 앞으로의 자녀 양육은 더욱 그래야 한다. 우리는 부모의 세대와는 다른 환경에서 자녀를 키우고 있다. 이전의 부모들은 경제와 자녀양육을 철저히 구분하였다면 지금은 두 가지를 같이 해야 한다. 다행이 남편이 자녀교육에 관심이 많아 나의 단점을 많이 보완해 주었다. 함께 키우고 대화하며 함께 고민했으니 책도 함께 썼다.

큰 아이는 '희망'이로 작은 아이는 '사랑'이라고 칭했다. 우리 가족이 부르는 또 다른 이름이다. 책이 나오면 두 아이에게 먼저 보여줄 것이다. 아이들의 반응이 궁금하다. 크게 한 번 웃고 즐거워했으면 좋겠다.

2016년이 가고 있다.

우리의 말보다 우리의 사람됨이
아이에게 더 많은 가르침을 준다.
그래서 우리는 아이들에게 바라는 바로 그 모습이어야 한다.

- 조셉 칠튼 피어스Joseph Chilton Pearce

Part 1

독서하는 아이

독서는 육아의 시작이다

'아이가 자라서 무엇이 되든, 무엇을 하든
독서 습관은 부모가 해줄 수 있는 또 하나의 큰 선물이다'

나는 독서로 시작했다

대부분의 부모는 자신이 부족하다고 느끼거나 자신이 갈망했던 부분을 자녀에게 넉넉히 채워주거나 강요하게 된다. 이런 경향은 상담을 하다 보면 쉽게 볼 수 있는데, 특히 경제적으로 어렵게 자란 부모의 양육태도가 그렇다. 또한 이런 류의 부모들은 자녀에게 경제적인 여유를 마음껏 누리게 하려는 경향이 크다. 문제는 경제적인 면을 강조하다 보니 정서적인 면을 등한시 한다는 것이다. 이렇게 자란 아이는 정서적 표현이 미숙하거나 타인의 감정을 잘 이해하지 못한다. 부모는 자녀가 이런 정서적인 문제를 보이게 되면 이해하지 못해 힘들어 한다. 학벌과 같은 스펙에서도 마찬가지다.

나 역시 내가 살면서 부족했다고 생각되는 것, 앞으로 큰 도움이 있을 거라고 생각한 것들을 아이들에게 강조했다. 그중에 하나가 바로 독서이다.

내가 서울대 대학원을 다니면서 느낀점은 단지 성적으로 표현할 수 없는 어떤 능력이 있다는 것이다. 그것은 책을 읽고 지식을 습득하는 것을 넘어서는 것이었다. 책의 내용을 자신의 것으로 만들고, 자기의 것으로 창조하는 것 말이다. 나는 이런 능력이 부족했고, 나름대로 그 원인을 유소년기의 독서 때문이라고 분석했다. 그래서 지식의 습득을 넘어서는 능력을 두 아이에게 심어주고 싶었다. 그렇게 독서를 시작했다.

시작은 미약했지만 매우 긴 시간을 몰두해야 했고, 생각보다 훨씬 중요한 일이었다. 이 일은 희망이가 중학교를 졸업할 때까지 지속되었고, 나의 양육역사에서 자랑하고 싶은 것 중에서도 으뜸이다.

다행히 나에게는 꾸준하고 성실하게 지속하는 좋은 습관이 있다. 대학에 다닐 때는 '지남철'이라 불릴 정도로 언제나 도서관에 앉아있는 끈질김이 있었다. 이런 성실함은 자녀의 독서 습관을 길러주는 데 매우 중요한 역할을 하였다. 누구나 자녀에게 어릴 때부터 독서 습관을 가르치려 한다. 그러나 꾸준히 즐겁게 독서를 시키는 경우는 흔치 않다.

유소년기의 독서는 왜 중요할까

물을 벽과 스펀지에 뿌려 보자. 아이들은 스펀지고 어른은 벽이다. 벽은 물을 아무리 뿌려도 흡수하지 못한다. 머리도 굳고 선입관과 이미 굳어버린 가치관이 있다. 백지 상태의 아이들은 스펀지와 같다. 물이 인생을 사는 지혜라면 언제 뿌려야 할까?

어린 아이들이 어른보다 독서를 통해 더 많은 사고의 확장이 있을 거라는 것은 이론적으로 알았지만 두 아이가 초등학교를 입학하고서야 실감할 수 있었다. 지금 유아기 자녀를 키우고 있다면 의심하지 말고 독서에 많은 정성을 쏟았으면 한다. 당장 자녀에게 특별한 변화나 이득이 없는 것처럼 보여도 독서가 인지 발달에 미치는 영향은 마치 눈덩이가 언덕에서 굴러내려가면서 갈수록 커지는 것과 같다고 나는 믿는다.

한동안 대학 입시와 맞물려 독서 열풍이 불던 때가 있었다. 논술이라는 현실적 이유로 독서를 하고는 있지만, 공부를 위한 독서를 강요해서는 안 된다. 독서를 통해 얻는 지식도 중요하지만 간접 경험의 측면에서 더 중요하다. 가보지 않은 곳, 경험해 보지 못한 세상, 만나지 않아도 알 수 있는 사람들의 감정, 세상에 대해 이해하고 깨닫게 되는 것이다. 또 독서 사고의 확장을 가져다준다. 스스로 생각하는 사고의 확장은 단순한 전문 지식과는 비교할 수 없는 삶의 활력소이자 힘이 된다. 유소년기의 이러한 훈련은 단어를 외우고 수학 문제를 푸는 것과는 비교할 수 없이 중요하다.

나는 독서습관이 어떠한 유산보다도 자녀의 행복을 위해 부모가 해줄 수 있는 것 중 가장 중요한 것이라고 자신 있게 말할 수 있다. 어린 자녀와 독서를 하다 보면 어른이 생각하지 못한 질문이나 감정을 토로하는 경우가 있다. 별 이득 없어 보이는 이런 말들도 어른이 가질 수 없는 아이들의 장점이자 무한함이다. 이것은 창의력과도 연관이 된다.

모든 아이들이 독서를 재미있다고 느끼지는 않는다. 그래도 싫어하지 않을 정도가 되면 좋겠다. 나 역시 '놀이와 독서'('정서와 인지'), 이 두 가지의 균형을 맞추기 위해 많은 고민을 했다. 결론은 즐거워야 한다는 것이다. 놀이도 즐거워야 하고 독서도 마찬가지다.

나는 먼저 큰 소리로 읽고 신기하거나 즐거운 장면이나 놀라운 장면에 감정적으로 반응하면서 내가 느낀 점을 아이들 앞에서 이렇게 저렇게 표현을 해주었다. 아이에게 말해 보라고 시키지 않았다. 내가 느낀 점이나 줄거리를 아이들과 둘러앉아 신나게 얘기해 주면 아이들은 어느 순간 서로 먼저 얘기하겠다고 반응한다. 그러면 거실 TV 앞에 나가서 마음껏 얘기를 할 수 있는 기회를 준다. 3살이 어린(네 살) 사랑이도 오빠를 따라서 얘기하고 싶어한다. 여러 번 듣고 익숙해지다 보니 뭔가 할 얘기가 있었던 것이다. 이제 내가 할 수 있는 일은 감탄하며 들어주고 격려해주며 박수로 크게 환호해주는 것이다.

"정말 대단하다. 너무 멋있다."

어찌보면 참 쉽다. 이런 과정을 통해서 책을 읽고 이야기 하는 것이 지겨운 일이 아니라 신나고 즐거운 일이라는 것을 아이들 마음에 심어주었다.

아이들은 책을 좋아하지 않는다

사실 나는 독서를 좋아하지 않는다. 정확히 이야기 하자면 독서에 대한 습관이 전혀 없었다. 일부러 안하려고 한 것이 아니라 독서보다는 학교 내신에 길들여진 중·고등학교를 보냈기 때문일 거다.

대학을 다니고 대학원에서 공부를 하다 보니 과거의 부족한 독서에 대해 많이 아쉽고, 안타까웠다. 이것은 아이들에게 좋은 독서습관을 길러주고자 더욱 의식적으로 지도하게 된 강력한 이유가 되었다.

빨간머리 앤

아이들과의 독서는 희망이의 유아기부터 시작되었다. 그러니 사랑이는 뱃속에 있을 때부터 책을 읽는 소리를 듣고 자랐을 것이다. 첫 시작은 그림책과 이솝 동화 같은 책부터 시작했다. 그중에서 가장 좋아하는 책은 《빨간머리 앤》이다. 이 책이 특별한 의미가 있는 것은 아이들에게 읽어주었다는 것뿐 아니라 책을 읽어주는 과정을 통해 나 자신이 정서적, 심리적 안정을 얻었고, 가족과 양육에 대해 생각하고 고민하게 되었다. 책을 읽는 것은 자녀뿐 아니라 부모에게도 새로운 세상을 열어주기도 한다.

'빨간머리 앤'은 다른 버전으로 여러 번 더 읽었다. 그리고 2010년경 캐나다에서 나온 드라마도 아이들과 함께 보았다. 책을 읽고 함께 이야기 하고, 드라마나 영화 같은 매체를 통해 새롭게 느껴보는 것도 독서의 한부분이라는 것을 깨달았다. 이렇게 하고 나면 아이들과 얘기할 것이 너무 많아 시간 가는 줄 모른다.

사랑이는 감성적인 면이 많아서인지 독후감에 대한 평도 나와 비슷해서 우리의 대화는 더 즐겁다. 사랑이와는 아직도 '빨간머리 앤'에 대한 이야기를 나누곤 한다. 가끔 케이블 TV에서 나오는 앤을 보게 되면 누가 먼저라고 할 것 없이 이야기가 시작된다. 작은 아이와의 정서적, 이성적 소통은 '빨간머리 앤'에게 특별한 감정을 주었다. 아마도 아이를 낳지 않았다면 단지 유명한 소설에 불과했을 것이다. 이 책 외에도 사랑이와 교감할 수 있는 책은 너무 많다.

자녀와 단 한 권의 책이라도 즐거운 수다를 할 수 있다면 좋은 추억이 될 것이다. 최근에는 《빨간머리 앤이 하는 말》이라는 책을 보고 있다. 그러고 보니 앤은 20년 가까이 내곁에 있다.

습상원 성상근(習相遠 性相根)

'습상원 성상근', 이 말은 습관이 개인의 능력보다 우선한다는 뜻이다. 독서는 습관이다. 영어 공부는 어리면 어릴수록 좋다고 하는데, 내 생각에는 영어보다 독서습관이 더 어릴수록 좋다. 좋은 독서습관은 부모가 해줄 수 있는 최고의 선물이다.

자녀가 가지고 태어난 각자의 성격과 능력은 차이가 있다. 이것을 간과할 수는 없지만 사실은 그 이후가 더 중요하다. 최근에 많은 논문과 연구는 타고난 지능보다 후천적으로 만들어지는 역량이 더 중요하다고 한다. 나 역시 인간은 '백색 원숭이'에 불과하기 때문에 후천적으로 학습된 능력이 자녀의 미래를 결정한다고 생각한다. 그중에서 독서는 그 어떤 학습보다 선행되어야 하며 중요하게 다뤄져야 한다. 유치원 정도의 어린 아이에게는 상담 중에 책을 읽어 주는 경우도 있는데, 독서는 상담의 중요한 기술 중 하나이다.

많은 부모들은 내가 어떻게 아이들에게 독서 습관을 만들어 주었는지 궁금해 한다. 특별한 비법이 있었던 것은 아니다. 그래도 얘기하자면 '끈기'일 것이다.

나는 외출 혹은 여행을 할 때 꼭 책 몇 권을 가져간다. 단 하루를 놀러 가더도, 외국을 가더라도 몇 권의 책은 챙긴다. 사실 어떤 곳, 어떤 여행을 가더라도 자녀가 심심하게 있는 시간은 있기 마련이다. 워터파크 같은 환상적인 곳에 간다 해도 밤이 되면 아이들은 지치고 쉬고 싶어한다. 일부러 강요하거나 엄마가 나서서 책을 읽어 주지 않아도 책을 읽어주기를 원하는 아이들의 요구를 듣게 된다. 짧은 시간이라도 상관없다. 단 10분이라도 책을 읽어줄 때 아이들이 편안하게 느낄 수 있으면 된다. 이런 방식은 아이가 중학교에 올라가면 할 필요가 없어진다. 아이가 알아서 자신이 원하는 책을 한두 권을 준비하기 때문이다.

독서 습관을 만드는 데 모든 아이들이 같지는 않다. 누구는 더 빠르기도 하고 누구는 더 느릴 수 있다. 이것은 좋고 나쁨이 아니다. 천천히 가는 것처럼 보이는 아이가 나중에 더 빠를 수도 있다. 다만 부모가 그 시간을 참지 못하는 것뿐이다. 이것은 입시를 준비할 때도 마찬가지다. 느려보여도 방향이 옳다면 그 아이는 잘 가고 있는 것이다. 오히려 빨라 보이지만 잘못된 방향으로 가서 모든 것이 수포로 돌아가는 것을 많이 보았다.

사랑이가 언제부터 책을 좋아하게 된 것인지 정확히는 모르지만 초등학교 입학을 하고 나서 아이가 책을 좋아한다는 느낄 수 있었다. 처음의 속도는 느려 보였지만 아이가 독서를 좋아하고 나서는 나의 생각을 뛰어 넘었다. 각자 타고난 정도가 다를 수 있다. 또 각자 책을 좋아하는 시기가 다르다. 누구나 좋은 독서습관을 만들 수 있다.

잠자기 전과 식사 시간에

옛말에 밥상머리 교육과 잠자리 교육이라는 말이 있다. 우리집 독서의 특징 중 하나는 식사시간과 잠자기 전에 항상 책을 읽어준다는 것이다. 이것은 희망이가 중학교 때까지 지속되었다. 지금 생각해도 양육에 있어 가장 잘한 것 중에 하나이다. 10년 넘게 항상 일정하게 책을 읽어주었는데, 읽은 책이 수천 권이 넘는다. 간단한 그림책부터 500페이지가 넘는 책까지 다양하다. 500페이지라고 놀랄 필요는 없다. 순식간에 다 읽고 또 읽게 되니 말이다.

식사시간과 잠자기 전만큼 아이들과 이런저런 이야기 하기에 좋은 시간은 없다. 그런데 특별한 일이 있거나 할 말이 있으면 모르지만 매일 재미있는 이야기를 하는 것은 힘들다. 그런데 독서는 무궁무진한 이야기의 보고이다. 책을 읽고 부모가 느낌을 말하면 아이들은 자기의 의견을 말하고 싶어하고, 참지 못해 흥분하기도 한다. 이것을 자연스럽게 연결시키면 대화를 넘어 토론이 된다.

"이건 어떻게 생각해? 그럼 이건 과연 뭐였을까?"

이 과정에서 아이의 인지와 정서의 발달은 자연스럽게 이루어진다. 아이의 머리는 슈퍼컴퓨터 이상의 속도를 발휘하고 상상력은 우주로 날아간다.

사랑이가 점점 책에 관심을 가지게 되자 우리는 발표라는 것을 하게 되었다. 아이들은 식사 시간에도 잠자리 전에 읽은 책에 관해 서로 말을 하려는 욕구가 충만하여 다음 단계로 진입한다. 자신의 생각을 TV 앞에 나가 발표하는 것이다.

엄마가 먼저 시작한다. 아이들을 소파에 편히 앉게 하고 앞으로 나가서 줄거리나 느낀점, 그밖의 하고 싶은 말을 적당히 발표 형식으로 이야기 한다. 아이들이 의외로 좋아한다. 일단 아이들은 새로운 것에 대한 반응이 성인과는 다르다. 선입관이 없기 때문에 자연스럽게 받아들일 준비가 되어 있다. 생각보다 귀찮아 하지도 않고 엄마가 먼저 재미있게 해서인지 부담스러워 하지도 않는다.

초등학교 저학년까지는 독서와 토론에 대해 흥미가 생기고 즐거워한다면 그것으로 충분하다. 형식과 사고하는 방법 또는 비판하는 방법은 적어도 지금은 중요하지 않다.

좋은 독서습관은 쉽게 얻는 경우도 있지만 대부분은 노력 여하에 달려 있다. 언제부터인지 사랑이는 책을 읽으면 집중을 한다. 그냥 잠들지 않는다. 무엇보다 재미가 생긴 것이다.

초등학교에 들어가면 독후감노트가 숙제로 주어지는 경우가 많다. 독후감을 의무적으로 쓰면 재미도 없고 부담이 되는데, 우리는 시시콜콜하게 얘기도 많이 하고 느낌을 교환하고, 발표도 하고 나서 쓰기 때문에 할 얘기가 너무 많다. 아이는 겨우 늘려 칸을 채우는 것이 아니라 쓸 것이 차고도 넘치는 기쁨을 맛보게 된다.

아이들의 독후감 노트는 나의 자랑이다. 희망이는 고등학생 때 학교에서 독후감으로 최우수상도 받고, 종로구 독후감 상도 받았다. 사랑이 역시 중학교 내내 독후감 상과 독서왕을 수상했다. 이것은 후에 많은 단편 소설을 쓰는 원천이 되었다. 사랑이는 본인이 쓴 독후감을 인터넷에 올리거나 블로그에서 글을 써서 평가를 받기도 한다.

어쩌면 대다수의 가정엔 책을 좋아하는 아이들보다는 딴짓을 하는 자녀가 더 많을 것이다. 그렇다고 쉽게 포기한다면 부모가 아니다. 소중한 자녀라면 아이에게 맞는 방법을 찾아보기 바란다.

독서는 습관이다. 그리고 좋은 습관은 쉽게 만들어지지 않는다.

쉬운 책부터 시작해 스스로 확장해야

상담을 하다 보면 아이의 나이에 맞지 않는 책을 구비하는 경우가 있다. 이런 현상은 주변에서 흔히 볼 수 있는데, 사회적으로도 항상 논쟁이 되고 있는 '선행학습 혹은 조기 교육'의 형태라 볼 수 있다. 나는 조기교육이나 선행 학습에 무조건 반대하지는 않는다. 내가 반대하는 교육은 천편일률적이고 아이의 능력을 넘어서는, 아이에게 좌절감을 주는 교육이다.

수준에 맞지 않는 책은 아이에게 전혀 도움이 되지 않는다. 사실 독이 된다. 아이는 처음에 읽고 즐거워할 정도의 쉬운 책부터 시작해도 틀림없이 나중에는 심화된 책을 찾게 된다. 아이는 더 순수하고 열정적으로 독서와 지식에 대한 갈망을 갖고 있다는 것을 알아야 한다. 특히 입학 전에 전집의 형태로 책을 구비하는 것은 좋은 독서에 역행하는 것이다. 반대로 충분히 책을 읽을 수 있는 초등학교 고학년 자녀가 만화책만 보려고 하는 것도 좋은 독서는 아니다.

희망이는 간단한 우리나라 역사와 별자리에 흥미를 가지면서 스스로 고등학교 역사부도와 과학도서를 읽기 시작했다. 사랑이 역시 간단한 소설에서 시작해서 같은 책의 영문판으로, 그리고 사회과학 도서로 옮겨 갔다. 독서의 선행은 자녀가 스스로 선택하면 된다. 더 심도있게 알고 싶거나 원본을 읽고 싶은 욕구가 생기면 자연스럽게 이루어진다.

독서는 남에게 보이기 위한 것이 아니다. 책을 읽는 것이 취미이자 놀이가 되어야 한다.

책은 장식품이 아니다

희망이는 초등학교 저학년 때까지 책을 별로 사주지 않았다. 집의 책장에 멋있게 꽂아있었던 적도 없다. 책은 대부분 빌려 보았다. 여러 번 반복해서 빌리고 또 읽어도 여전히 그 책을 갖고 싶어하면 그때야 비로소 사주었다.

자녀가 어리면 어릴수록 책은 장난감처럼 다루어야 한다. 아이가 책을 놀이 정도로 인식하게 해주어야 책을 가지고 놀 수 있다. 개인적인 성향에 따라 집이 어질러지는 것을 싫어하는 부모도 있을 것이다. 그러나 장난감과 책이 어질러져 있는 것이 보기에는 흉해도 자녀에게는 득이 많다.

공부 부적응 아이를 상담하다 보면 일부러 말을 맞춘 것도 아닌데 비슷한 경우가 많다. 아이의 부모는 최고의 학벌에 최고의 전문 직종에 종사하고 있지만 아이는 공부 부적응 상태이다. 여러 개인적인 문제는 접어두고, 엄마가 원하는 것은 아이가 독서를 했으면 하는 것이고, 물론 그 조차도 고등학교에 올라가서 시험에 도움이 될까 해서 하는 것이다.

아이의 반응은 옳다.

"저희 집에는 무슨무슨 전집이 가득해요. 독서 이야기 하실 거면 하지 마세요. 보기도 듣기도 싫어요."

아이들뿐이 아니다. 우리도 뷔페에 가면 음식이 너무 많아 보기만 해도 배가 불러 먹고 싶은 욕망이 줄어든다. 너무 많으니 전투적으로 먹게 되지 않는다. 이제 서너 살 된 아이들이 있는 집에 가득 책을 장식해 놓으면 아이들은 책에 대한 흥미를 잃어버리고 먼지만 쌓여 오히려 아이의 건강을 해칠 수도 있다.

지금은 집에 책이 많이 꽂혀 있다. 전집류도 많다. 그러나 전시하기 위해 책을 산 적은 없다. 아이들이 읽은 후에 필요하다면 구입했다. 언제라도 읽고 싶을 때 다시 읽었다. 이제 이해가 되지 않는 책은 없기 때문에 쉬고 싶거나 마음을 풀고 싶을 때 부담 없이 읽는 식이다. 아이들은 처음 독서를 시작할 때는 책을 장남감처럼 취급했지만 자라면서는 보석처럼 다룬다. 먼지가 쌓이도록 두지도 않고, 혹시라도 함부로 다루면 싫어한다. 전시된 책은 아이들에게 보물이 될 수 없다. 그러나 장난감 같은 책은 보물이 된다.

도서관은 놀이터

우리 가족이 10년간 살았던 부평 산곡동 아파트는 한 정거장 거리에 부평도서관이 있었다. 둘째를 낳고 유모차로 움직이기 시작하면서부터 도서관은 놀이터가 되었다. 아파트 뒷문으로 나와 가파른 언덕길을 조심스럽게 내려가 큰길 횡단보도를 건너 도서관 돌벽을 따라 100m를 걸으면 입구에 다다른다. 도서관과 집 사이엔 언덕길이 있었다. 그 길은 독서를 방해하는 가장 큰 문제였다. 사랑이는 유모차에 눕히고 희망이의 손을 잡고 유모차를 끌고 가는 그리 길지 않은 그 언덕은 너무나 힘든 길이었다. 그래도 놀이터에 가는 길은 몸은 힘들어도 마음은 즐거웠다. 가끔은 지겨워할 만도 한데, 아이들은 새로운 책을 빌리고 같이 읽고 토론하는 모든 과정에 즐거움을 느꼈다. 아이들은 도서관과 서점을 언제나 부담 없이 갈 수 있는 놀이터로 생각하게 되었다.

이층에는 매점이 있었다. 날씨가 좋으면 밖에서 라면과 김밥으로 소풍 기분을 내고, 여름에는 아이스크림과 음료수로, 겨울에는 매점 난로 옆에서 어묵 국물을 먹었다.

안에 들어가면 사람이 적을 때는 조용히 책을 읽어주거나 아이들 각자가 원하는 책을 찾기도 한다. 조금 심심하면 마당에 나가 장난을 치기도 하고 이곳저곳 둘러보고 관찰도 한다. 작고 약간은 심심한 놀이공원인 셈이다.

초등학교 때부터는 1주일 단위로 용돈을 주었는데, 사랑이는 시험 끝나면 용돈을 모아 교보문고에서 읽고 싶던 책을 산다. 주로 판타지 소설이 많았지만 그것은 한때이고, 갈수록 문학, 철학, 사회과학 분야까지 읽고 싶은 책을 산다.

"책 사는 게 좋아? 네가 좋아하는 예쁜 장식품은 어때?"

"난 서점에서 맡는 책 냄새가 좋아. 또 읽고 싶은 책 사는 것도 좋고."

사랑이에게 교보문고나 반디앤루니스는 작은 놀이터다.

사실 우리가 처음 책을 빌리던 곳은 서점이나 도서관이 아니었다. 아파트 1층에 살던 한 아이의 집이였다. 그 집은 한쪽 벽면이 전부 유명한 전집으로 채워져 있었다. 책을 하나 둘씩 빌려서 읽기 시작했는데, 그 집 아이보다 우리 아이가 더 많은 책을 읽기 시작했다. 나중에는 미안한 마음이 들어 가게 된 곳이 부평도서관었다. 물론 책이 많아도 아이는 책을 좋아할 수 있다. 부모가 모범을 보이면 가능하다. 부모가 TV를 보거나 자기 일에 바빠서 같이 해주질 못하면 책은 그저 장식품일 뿐이다.

아이들은 시험이 끝나거나 생일이나 특별한 날, 용돈을 모아 한 권씩 채워갔다. 다 채워지면 버린다. 버린 책은 다시 아빠 병원의 책장을 채운다.

그럼 무슨 책을 읽어야 하냐구요

"독서를 합시다. 책을 읽어 주세요"라고 하면 부모들은 "무슨 책이요?"라고 한다. 상담을 하다 보면 아이들이 독서를 어색해 하고, 습관이 들지 않아 지속하지 못하고(아마 재미없어 하는 것 같다.) 무슨 책을 읽어야 하는지 잘 모르겠다고 한다.

그냥 유명한 책 골고루 읽으면 된다. 위인전 하나, 고전소설 하나. 인터넷에 들어가면 추천도서 매달 나온다. 그중에서 하나, 또 별자리, 동물 이야기 등 읽고 싶은 거 하나, 부모가 잘 아는 책이 있다면 또 하나.

쉽게 시작하자. 시작부터 스트레스 받으면 아이는 기절한다. 부모가 즐거워야 아이도 즐겁고, 부모가 신나야 아이도 흥분하기 시작하며, 부모가 빠지는 흉내를 내야 아이가 몰두한다.

부모도 독서한다

아이들의 독서 습관을 위해 나는 끈기 있게 오랜 시간 공을 들였다. 그러다 보면 때로는 끈기를 무너뜨리게 되는 많은 이유가 생긴다. 일단 부모가 힘들고 피곤하면 어려울 수밖에 없다. 지친 몸으로 자녀에게 책까지 읽어준다는 것은 힘든 일이다. 그렇지만 가능하다면 다른 일을 나중으로 미루거나, 혹은 본인의 가치관에 맞지 않더라도 억지로 시간을 조금은 낼 수 있다. 나는 설거지, 분리수거 같은 일은 아이들이 잠들고 나면 했다. 물론 남편이 해주는 경우도 많았지만 그렇지 못한 날도 있기 마련이다. 집안을 마치 '모델하우스'처럼 깨끗해야 한다고 생각하는 사람도 있겠지만, 집안을 치우는 시간을 줄인다면 짧은 시간이라도 자녀와 책을 읽는 시간을 마련할 수가 있다.

아빠의 경우는 좋아하는 스포츠를 보거나 스마트폰을 검색을 하는 것 대신에 마음만 먹는다면 책을 읽어줄 수 있다. 이미 알고 있는 내용의 책이라면 누워서라도 이야기를 나누거나 자신이 읽었을 때의 느낌을 설명해주어도 좋다. 의지를 발휘해야 하는 것이다.

나 역시 독서를 습관적으로 하는 것과는 거리가 먼 사람이었다. 우리의 중·고등학교 시절엔 독서보다는 시험을 위한 공부가 전부였다. 특별히 문학소녀도 아니어서 독서 습관은 전혀 없었다. 그러다 대학원에 와서야 독서에 대한 중요성을 깨닫고는 내 아이에게만큼은 독서습관을 만들어주고 싶었다.

나는 아이들이 있을 때 TV를 켜본 일이 거의 없다. 독서든 어린이 TV프로를 보든, 아이들과 함께 했다. 물론 아이가 커갈수록 부모의 할 일은 줄어든다. 스스로 하는 습관만 들이면 같이 할 필요도 없다. 문제는 아이들이 습관이 들기 전에는 부모가 책을 읽고 있는 모습을 보여주어야 한다는 것이다. 도서관에서도 마찬가지이다. 내가 전문 서적을 읽고 있으면 아이들은 더 호기심을 갖는다.

아이가 몰입할 수 있는 환경조성도 중요하다. 엄마가 책을 읽어줄 때가 낮이라면 간식을 미리 챙겨 배고프지 않게 하고 전화기는 내려놓고, 집중에 방해되지 않도록 한다. 밤이라도 몰입해 재미있게 읽고 있다면 늦게 자더라도 원할 때까지 책을 읽도록 하는 게 좋다. 잠은 다음 날 보충하면 된다. 아이들은 일찍 자고 일찍 일어나야 한다는 강박이 있는데, 내 생각엔 편견이다. 큰아이는 초등 3학년 방학 때쯤 새벽 4시까지 한 권을 다 마치고 잤던 적이 있다.(《달과 6펜스》, 《폭풍의 언덕》, 《노인과 바다》) 이 경험은 나만의 것이 아니다. 아이들도 가끔 이야기 하곤 한다.

같은 책도 다양한 출판사의 책을 읽어 효과적인 반복효과를 노릴 수 있다. 조금 지루할 수도 있지만 자연스럽게 비교하면서 섬세한 차이를 발견하게 된다면 책읽는 기쁨 중의 하나를 얻게 되는 것이다.

같은 책이라도 읽고 난 후의 감상이 항상 같지는 않다. 조금 얇은 책을 읽은 후에 두꺼운 책을 읽으면 아는 척을 하기도 하고, 더 자세한 내용에 신기해 하기도 한다. 학년이 올라가서 숙제로 책을 읽어야 하는 경우에도 거부감 없다. 우리에게는 《데미안》이 그랬다. 처음 데미안을 읽을 때는 중간에 포기해야 했다. 읽는 것을 중단해도 괜찮다. 나중에 도서관에서 좀 더 쉬운 《데미안》을 발견해 다시 읽었다. 처음보다 이해도 잘 되고 이야기 할 거리도 생겼다. 그리고 얼마 후 포기했던 어려운 《데미안》을 다시 읽을 수 있었다.

시작은 부모가 개입해야

어릴 때는 책을 선택할 때 부모의 개입이 꼭 필요하다. 대략 초등학교 저학년까지다. 아이들은 어떤 책이 유익한지 선별하기 어렵다. 부모가 직접 읽어보고 결정하는 것이 좋다.

초등학교까지는 균형 잡힌 인성 형성을 위해 다양한 영역을 경험할 수 있도록 한 분야에 편중되지 않게 골고루 읽도록 해야 한다. 이런 바탕 위에서 전문영역을 쌓아가야 안목이 넓어지고 창의성을 발휘하며, 학문간의 융합력이 생긴다. 그래서 어릴 때 골고루 관심을 가질 수 있는 안목을 갖도록 해야 한다. 이 시기는 자신이 무엇을 좋아하고, 어떤 재능이 있는지 알아가는 시작할 때이기 때문에 넓고 많은 분야를 접하는 것이 필요하다. 골고루 읽는 습관이 자리 잡으면 어느 순간 부모가 개입하지 않더라도 아이 스스로 선별할 줄 아는 능력이 생겨서 주도적인 아이로 성장할 수 있다. 우리 아이 역시 커가면서 부모가 권하는 책은 점점 줄고 스스로 선택하는 책이 늘어갔다. 오히려 지금은 내가 아이들이 추천하는 책을 읽는다.

아빠와의 독서는 신선하다

아이의 독서 습관을 길러주는 일은 엄마 혼자서는 아무리 고군분투해도 어려운 일이다. 아빠의 도움이 꼭 필요하다. 독서뿐 아니라 양육에 있어 중요한 모든 것은 부모 한쪽이 감당하기 힘들다. 아이들이 커갈수록 독서에서 아빠가 차지하는 비중은 커진다. 아이들은 아빠와 토론하는 것을 좋아하고, 자신이 쓴 글에 대해 평가 받기를 원한다. 헤르만 헤세, 톨스토이, 도스토예프스키 등의 작품에 대해 이야기하는 것을 좋아했다.

아이들은 아빠의 다른 관점을 새로운 시각으로 받아들이며, 사고의 확장에 기뻐했다. 신선하고 뭔가 대단하다고 느끼는 것 같았다. 이런 아빠와의 경험은 사춘기가 되면 더 필요하고 중요해진다. 어릴 때는 엄마만으로도 만족했지만 커갈수록 아빠와 함께 이야기 하기를 원했다. 엄마는 감성적인 대화를 하지만 아빠는 좀 더 객관적, 이성적인 대화를 한다. 이런 차이 때문인지 사춘기에 들어서면서 두 아이는 아빠와 대화하는 것을 더 선호하게 되었다.

독서 습관을 기르는 방법은 아이마다, 각 가정이 처한 환경에 따라

다를 수 있다. 방법이나 정도가 중요한 것이 아니라 '독서 습관은 중요한 일이니 꼭 해보자'는 부모의 의지와 아이의 상태에 맞는 것을 찾아주는 것이 중요하다. 처음엔 삐거덕거릴 수 있지만 끈기있게 노력하면 좋은 습관을 가질 수 있다. 억지로 하는 '공부'로 인식하지만 않는다면, 아이의 독서 습관은 인지 발달의 기초가 될 것이다.

• 독서에 대한 이미형 선생님의 생각 ①

누구나 할 수 있지만,
누구나 하지 못하는 독서

독서가 인지 발달에 중요하다는 사실은 아무리 강조해도 지나치지 않습니다. 우리는 평생 끊임없이 공부를 해야 하는데, 공부에 독서만큼 많은 영향을 미치는 것은 없습니다. 이것은 고등학교에 올라가 입시를 준비하게 되면 자녀 스스로 깨닫게 됩니다. 그리고 공부를 하면 할수록(대학교, 대학원에 올라가면) 확실히 알게 됩니다. 이미 대학에 갈 나이면 학원과 과외의 도움을 받을 수는 없습니다. 스스로 공부해야 합니다. 자기주도 학습에 공부 습관과 독서는 필수입니다.

책을 읽고 독해하고 자신의 것으로 만드는 것은 유소년기의 독서 습관에 달려 있습니다. 그러니 자녀에게 독서 습관을 만들어 주는 것은 절대 소홀히 할 수 없는 것입니다. 그런데 대부분의 사람들은 좋은 독서 습관을 가지고 있지 못합니다.

나는 초등학교 저학년과 유치원에 다니는 아이들도 상담합니다. 가벼운 틱 장애와 ADHD주의력결핍/과잉행동장애, attention deficit/hyperactivity disorder의 소견이 있는 경우도 있으며, 학업 부진이나 친구와의 문제 등으로 오는 경우도 있습니다. 또 발달 장애와 낮은 지능지수 때문에 상담하기도 합니다. 상담을 하다 보면 아이의 학습문제에 대해 묻게 됩니다. 학습에 관한 이야기를 하다 보면 독서 문제는 자연스럽게 나오게 됩니다. 대부분의 부모는 독서가 중요하다고 생각은 하고 있지만 대부분의 자녀는 독서 습관이 좋지 못합니다.

사공이 많으면 배가 산으로 간다

요즘은 고등학생만 바쁜 것이 아닙니다. 초등학교 저학년도 여유시간이 너무 부족합니다. 요즘 아이들은 너무 많은 것을 배우고 있습니다.

부모들은 아이가 3살 정도가 되면 독서가 중요하다는 것을 알게 됩니다. 그래서 남들이 좋다는 전집을 구비하고 의욕적으로 책을 읽어 주기 시작합니다. 그런데 시간이 갈수록 자녀에게 해줘야 할 것이 너무 많이 생깁니다. 영어도 어릴 때 시작해야 한다 하고, 미술과 음악도 해야 하며, 친구들과 주말 체육도 해야 합니다. 또 이제는 논술과 유행하는 공부도 해야 하고, 대학에 들어가기 위해서는 수학도 공부해야 합니다. 초등학교 입학 전에는 학교에 가서 혹시라도 아이가 공부를 못하면 어떡하지 하는 마음에 드디어 남들이 다 하는 학원 돌리기를 시작합니다.

독서가 중요하다고는 생각하지만 아이가 독서 습관을 체화하기에 시간이 없는 경우가 많습니다. 특히 독서는 처음 시작할 때 많은 시간을 필요로 합니다. 독서는 천천히 느리게 습관이 듭니다. 그런데 다른 할 것들이 많아, 성과가 나타나는 데 오래 걸리는 독서는 뒷전이 되는 것입니다. 하루 책을 읽지 않는다고 해서 달라지는 것도, 불편한 것도 없어 빼먹어도 되는 숙제가 돼버립니다.

부모만큼 좋은 스승은 없다

생각보다 부모들은 스스로를 믿지 못하는 경우가 많습니다. 자신이 고르는 책이 좋은지, 읽어주는 것이 도움이 되는지, 자녀의 독후감을 평해도 되는 건지 자신이 없습니다. 자신이 하는 것보다는 전문가나 선생님에게 맡기는 것이 더 좋을 것이라고 생각하거나, 자녀가 스스로 읽는 것이 당연하다고 생각하기도 합니다.

그런데 수학, 영어 같은 공부는 학교나 학원에서 할 수 있지만 독서는 그렇지가 않습니다. 독서는 책을 읽는 것이 끝이 아니고, 지식을 습득하는 것이 전부가 아닙니다. 책을 읽고 사고하고 토론하며 나름대로 답이 없는 길을 연습하는 모든 과정이 독서에 포함됩니다. 또 같은 책을 반복할 수도 있고, 갑자기 생각이 나면 새로 독후감을 쓰기도 합니다. 그러니 누가 쉽게 해줄 수 있는 것이 아닙니다. 그러나 어느 정도 시간이 지나고 습관이 되면 다른 공부와는 달리 스스로 할 수 있는 것이 독서입니다. 수학 공부는 아무리 많이 해도 또 배워야 하지만 독서는 초등학교 고학년이 되면 완전히 스스로 할 수 있습니다.

수학과 영어는 부모가 가르치기 힘든 경우가 많습니다. 그러나 독서의 가장 좋은 스승은 부모입니다. 언제 어디서나 짜투리 시간에도 할 수 있는 것이 독서이기 때문입니다. 공항에서 비행기를 기다리는 시간에도, 아이가 잠을 안 잘 때나, 심심해서 누워있는 아침에도 책을 읽어 줄 수 있습니다. 그러니 부모가 가장 좋은 스승입니다. 그리고 자신이 가지고 있는 능력과 관계 없이 할 수 있습니다. 우리는 어려운 전문 서적을 읽어 주는 것이 아닙니다. 《백설공주》 같은 쉬운 책부터 읽어 주고 아이의 눈높이에서 이야기 하면 됩니다. 어려울 게 없습니다.

눈에 보이지 않는 것이 가장 중요하다

사실 독서의 효과는 당장 눈에 보이는 것이 아닙니다. 아마 부모 입장에서는 답답할 수도 있습니다. 독서의 효과는 눈에 보이지 않지만 자녀에게 해주는 그 어떤 인지적 자극보다 아이의 인지적 능력을 깨우는 좋은 습관입니다.

초등학생 아이의 시험 전날에도 과연 독서를 해주어야 할까요,라고 물을 수 있습니다. 당장 내일의 시험도 중요합니다. 그러나 초등학생 아이가 하루 종일 공부를 할 거라는 그 마음부터가 욕심입니다. 차라리 밥을 길게 먹이면서 천천히 아이가 좋아하는 책을 읽어 준다면 아이는 충분히 쉬었다는 생각을 하게 될 것입니다. 유소년기에는 눈앞의 어떤 것보다 독서가 중요합니다.

유소년기 자녀는 대부분 부모의 말에 순종적입니다. 청소년기에는 부모의 눈을 피해서 자신이 하고 싶은 것을 하려는 욕망이 생기며, 또 그렇게 합니다. 만약 유소년기에 좋은 독서 습관이 체화된 자녀라면 오히려 너무 독서에 빠져서 다른 것을 등한시하는 것에 주의를 해야할 수도 있습니다.

결국 당장의 성과에 목매지 않고 꾸준히 독서할 수 있는 환경을 주는 것은 부모의 몫입니다. 만약 아이가 숙제를 다 끝내지 못하거나 성적이 떨어진 것이 독서 때문이라는 핑계를 대는 것은 소탐대실이라 할 수 있습니다.

부모의 끈기가 답이다

독서를 하는 방법은 이미 다양합니다. 우리 주변엔 초등학생을 대상으로 하는 다양한 독서학원부터 기초논술학원까지 넘쳐납니다. 학교에 다니기 시작하면 독후감 숙제는 입시를 코앞에 둘 때까지 항상 있습니다. 요즘은 학종(학생부 종합 전형) 때문에 더 많은 독서를 하고 있을 것입니다. 그래서 이미 많이 알고 있는 독서법보다는 내가 경험했고 효과적이었던 독서에 대해 이야기하려 합니다.

부모의 은근과 끈기가 습관을 만든다

내가 자랑스럽게 말할 수 있는 것은 두 아이가 어릴 때부터 적어도 중학교 때까지 하루도 쉬지 않고 책을 읽어 주었다는 것입니다. 일시적으로 독서에 매진하는 경우은 있지만 10년 이상의 기간 동안 꾸준하게 독서를 할 수 있는 환경을 제공하기는 쉽지 않습니다. 그러니 자랑할 만한 일입니다.

자녀의 독서 습관을 위해 가장 중요한 것은 꾸준함입니다. 1주일에 한 번 가는 학원에서 독서 습관을 갖게 해줄 거라고 생각하는 것은 독서의 중요성과 의미를 모르는 것입니다.

독서가 생활의 일부분이 되는 것은 전적으로 부모만이 할 수 있는 일입니다. 부모는 하루 일과가 끝나면 집에 와서 아이의 알림장과 숙제를 봐주고 학과 공부를 가르칩니다. 이것도 대단히 칭찬 받을 만한 노력이지만, 책을 함께 읽으면서 정서를 나누는 것은 더 중요합니다.

다양한 책을 반복해서 깊게

독서에 대한 이야기를 하다보면 정독과 다독에 대해 토론을 하게 됩니다. 이런 토론은 우리에게 해당되지 않습니다. 아직 독서 습관이 체화되지 않은 아이들에게는 다독, 정독, 반복을 같이 해야 합니다.

다양한 책에는 그림책도 포함됩니다. 그림책을 보면서도 아이와 대화할 거리는 굉장히 많습니다. 아이가 받아들일 수만 있다면 어느 분야의 책도 무방합니다. 나는 아이가 커가면서 천문 분야도 읽었고, 이해가 되지 않는 문학도 가리지 않았습니다. 같이 읽다 보면 어떤 책은 너무 어려워서 몇 년이 지난 후 다시 읽게 되는 경우도 있고, 어떤 책은 너무 좋아서 더 두껍고 원서에 가까운 책을 찾기도 합니다. 또 맘에 드는 작가가 있다면 한 동안은 그 작가의 책만 찾아서 보는 경우도 있으며, 좀 더 깊게 연구하고 싶어서 찾은 전문 도서는 읽지도 못하고 반납하기도 했습니다.

책은 처음에는 대부분 부모가 골라 줍니다. 조금만 신경 쓰면 추천 도서는 얼마든지 많습니다. 그러니 무슨 책을 골라야 할지 고민하지 않아도 됩니다. 조금만 지나면 책의 반은 아이들이 고를 수 있습니다. 그리고 더 시간이 지나면 부모는 책을 고를 필요가 없습니다.

가르치지 말고 따라 가자

부모는 이왕하는 독서를 지식을 습득하고 학업에 조금이라도 도움이 되는 방향으로 하기 위해 많은 고민을 합니다. 그런데 어린 자녀와 독서를 시작할 때는 아이가 가는 방향대로 따라 가는 것이 최선입니다. 아이는 책에 있는 그림을 보면서도 글의 대부분을 상상하기도 합니다. 엄마가 책을 읽어 주고 있는데 아이가 그림을 가리키며 어떤 말로 반응할 때, 그 말에 귀 기울여 보면 아이는 그림에서 글을 이해하고 있으며, 글이 보여주지 못한 부분까지도 그림을 통해 말하기도 합니다.

우리는 정답을 정하는 주입식 교육에 익숙합니다. 정답을 주지 않으면 공부를 헛했다고 생각할 수도 있습니다. 그러나 진정한 공부의 능력은 스스로 생각하고 만들어 가는 것입니다. 만약 디저트를 만드는 일을 하는 사람이 남이 가르쳐 준 것 외에는 아무것도 만들지 못한다면 배움이 무슨 소용이 있겠습니까. 대학원 공부는 누가 가르쳐 주는 것이 아니라 자신의 것을 만드는 과정입니다. 외국에서 공부하는 유학생들이 가장 힘들어 하는 것 중 하나가 바로 이 부분입니다.

독서는 놀이이자 치료제

아이들이 살아가면서 힘들거나 좌절할 때 책은 위로가 되고 때로는 새로운 돌파구를 찾는 데 도움이 될 수 있습니다.

'독서치료'라는 말은 고대 그리스로부터 나왔습니다. '독서치료(Biblio therapy)'는 'biblion(책)'과 'therapeia(치료)'가 결합된 말입니다. 책을 통해 다양한 방법으로 정신적 질병을 치료하거나 건전한 인격 형성 및 가치관 확립을 목적으로 하는 모든 활동을 말합니다. 최근에는 연극이나 영상물을 이용한 심리 치료도 있습니다.

독서는 즐거워야 합니다. 독서가 학습이 되면 안 되는 이유는 즐겁기 위해서입니다. 즐거워야 찾을 것이며 그것이 쌓여야 인생의 치료제 같은 역할을 할 수 있습니다. 자녀에게 독서가 단지 지식의 습득을 위한 도구로 국한될지, 아니면 즐거움이자 살면서 힘이 되는 영양제가 될지는 부모에게 달린 것입니다.

다양한 방법으로 확장

독서의 의미를 단순히 지식을 습득하는 것에만 두어서는 안 됩니다. 독서는 많은 다른 활동으로 연계되어야 합니다. 체험활동도 좋고 영화 같은 미디어도 도움이 됩니다. 책에 나온 곳을 찾아 가는 것도 아이들에게는 신선한 자극이 됩니다. 피카소에 대한 책을 읽고 그의 그림 찾아보는 것은 모두 독서의 과정입니다.

또 학교에서 내준 독후감을 숙제로만 여기면 독서를 싫어하는 이유가 됩니다. 아이들은 숙제라고 하면 무조건 싫다고 생각하는데, 사실 책을 읽고 독후감을 쓰는 것은 독서에서 꼭 필요한 과정입니다. 다시 생각하는 과정에서 얻는 것이 많습니다.

독서를 처음부터 좋아하는 자녀는 없습니다. 엄마가 책을 읽어 주면 드라마에 나오는 아이처럼 즐거워할 거라는 착각은 하지 마십시오. 어쩌면 오랜 시간 공을 들여도 책에 관심을 보이지 않는 경우도 있을 것입니다. 흥미를 유발하고 독서의 즐거움을 알 때까지 포기하기 말고 여러 다양한 방법을 시도해야 합니다.

Part 2

놀이하는 아이

세상과 소통하다

유소년기의 행복한 추억은 우리를 가족으로 만든다.
가족은 저절로 탄생하는 것이 아니다.

기억은 아이를 만든다

많은 심리학자들은 유아기와 유소년기의 기억이 인생 전반에 중요한 영향을 미친다고 했다. 정신분석학자 융Carl Gustav Jung은 개인의 장래 운명을 어떻게 형성해나갈 것인지를 풀어가는 중요한 시기라고 했고, 베르그송Bergsong은 기억은 과거의 것이지만, 우리의 의식과 내면에 스며들어 꾸준히 우리를 충동하고 자극한다고도 했다.

유소년기에는 인지적, 정서적 발달이 최소 60% 이상 이루어지며, 또한 그때의 기억은 비록 섬광과 같이 짧은 순간이고 파편과 같이 작다하여도 일생에 걸쳐 자아 형성의 근원이 된다. 최근에는 타고난 특성보다는 양육에 의해 형성되는 특성이 삶에서 더 중요한 요소로 각광 받기 시작했다. 이러한 연구는 부모의 양육이 자녀의 인생에 얼마나 중요한 부분인지를 보여준다. 물론 또래 집단과의 관계에서 오는 영향력도 있고, 공교육을 통한 영향도 많다. 그러나 가족의 테두리 안에서의 영향은 가장 중요하다. 실제로 많은 내담자을 통해 듣고 목격한 바이기도 하다. 좋은 영향이든 나쁜 영향이든 타고난 성향보다 청소년기까지 겪은 많은 크고 작은 일들은 성인이 되어서도 꾸준히 영향을 미친다. 그 중에서 놀이를 통한 즐거움은 아이들 인생에서 가장 긍정적인 영향을 미친다. 두 아이를 키우다 보면 아무래도 작은 아이는 가족이 함께하거나 혹은 친구들과 놀았던 기억이 큰 아이에 비해 희미할 수 있다. 이것은 우리 가족도 마찬가지이다. 그렇다고 해도 소중한 추억이 없어지는 것은 아니다.

"기억이 안나, 언제 그렇게 잘 해줬는데?"

"공주, 너 머리는 기억 못해도, 너의 몸과 피는 기억한단다."

부모가 잘했든 못했든 아이들은 단순히 기억하는 것을 넘어 성장과정의 여러 부분에 영향을 받게 되는 것이다.

청소년 상담을 할 때 아이에게 자주 묻는 질문이 있다.

"가장 즐거웠던 기억은 뭐야? 재미있거나 즐거웠던 추억은 뭐야?"

"없어요."

"여행이나 랜드 같은데 놀러간 적 없어?"

"……."

"앞으로 하고 싶고 좋아하는 것은 뭐야?"

"없어요."

이번에는 부모에게 물어 봅니다.

"아이가 즐거운 추억이 없데요."

"무슨 말이세요. 여행도 하고 재미있는 것도 많이 했는데."

"……."

유소년기 자녀에게 '놀이를 통한 추억'은 중요하다. 놀이는 순간의 즐거움이지만 시간이 가면서 추억으로 남는다. 추억은 힘든 일이 생길 때 힘을 주는 경우가 많다. 상담을 하다 보면 뭐든지 풍족해 보이는 요즘 아이들에게 놀이는 늘 부족해 보인다. 이것은 청소년 자녀의 문제만이 아니라 나이 어린 자녀의 경우도 그렇다. 초등학교 저학년 아이가 하루 종일 빡빡한 스케줄에 쉴 틈도 없는 모습은 흔히 볼 수 있다. 가족이 모일 수 있는 시간이 없어서 가족끼리 대화조차 한 적이 없다는 아이들도 많다. 아이들도 바쁘지만 부모들도 바쁘다. 가족이 모여 추억을 만드는 것이 사치처럼 보일 수도 있다.

나는 아이들에게 유소년기, 초등학교 저학년까지는 학원과 과외 같은 사교육을 시키지 않았다. 그러니 두 아이와 뭐든 해야 했다. 또 할 수 있는 것이 너무 많았다. 우리는 사교육이 꼭 필요하다고 생각하지 않았고, 아이에게 공부 말고도 더 많은 것을 해줄 수 있다고 생각했다. 독서도 그렇고 그 외에 많은 추억을 만들어주고 싶었다.

학원으로 뺑뺑이를 돌리지는 않았지만 나름대로 두 아이와 열심히 공부했다. 학습과 놀이의 균형을 맞추려고 노력을 많이 했다. 두 아이가 어린 시절을 돌아볼 때 공부만 했다는 기억을 갖게 하고 싶지는 않았다. 이제는 다 커버린 두 아이에게 물어 보면 최소한 '놀이'에 대한 갈증은 없는 것 같다. 언제나 회상할 수 있는 추억이 많다고들 한다.

아이에게 추억이란 무엇인가

희망이가 초등학교 2학년 가을에 '밤 따기' 여행 프로그램에 참여한 적이 있다. 인터넷에 장소를 공지하면 찾아가서 일정 금액을 내고 조그마한 동산에서 밤을 따고 산책을 하는 프로그램이다. 인천에서 가까운 곳이라 자동차로 갔다. 내비게이션이 없어 종이에 지도를 그려갔는데, 이것을 보면서 찾아가는 과정은 아이들에게는 색다른 즐거움이었다. 직접 손으로 그린 지도에 있는 이정표를 발견하는 기쁨은 물론 "여기가 맞나, 아닌가." 하는 고민도 소소한 즐거움이자 소통이 된다.

목적지에 도착하니 20여 가족이 와 있었다. 간단한 설명을 듣고 산으로 올라갔다. 돈을 주고 투망을 사서 정해진 시간 내에 채우는 만큼 밤을 가지고 가는 것이다. 가만히 생각해 보면 우스운 프로그램이다. 그 비용이면 더 좋은 밤을 집 근처에서 더 많이 살 수 있다. 그러니 지금 여기 있는 목적은 밤이 아닌 것이다. 가족이 같이 보내는 것이 목적이다. 밤이 목적이면 마트를 가야지. 기름 값 내면서 여기까지 올 이유가 없다.

막상 산에 올라가니 밤이 별로 없었다. 나는 가을 정취도, 휴식도 잊고 두어 시간 동안 고개만 숙이고 밤만 찾아 다녔다. 덕분에 누구 못지않게 많은 밤을 담아 올 수 있었다.

그런데 가져온 밤을 쪄먹고 있는데 아이들은 남편에게 내가 알지도 못하는 이야기만 늘어놓고 있다. 동산의 모양부터 나뭇잎의 모양, 해의 방향, 산의 크기, 흙에 대한 이야기, 나무 이야기 등. 같이 간 나는 밤밖에 기억나는 게 없는데 말이다. 나와는 다르게 아이들에겐 기억에 남을 좋은 경험이었던 것이다.

밤은 단순한 매개체일 뿐이다. 가족간에 대화하고 정서를 나누는 시간이며 추억을 만드는 시간이다. 밤을 따는 데에만 몰입했다면 진정한 가족 여행이 아닐 것이다. 추억이란 같이 느끼는 것이다.

요즘 청소년 상담을 하다보면 10여 년 전 밤을 줍던 일이 자주 떠오른다. 많은 돈을 들여 하와이까지 가서 자녀와 사이가 더 나빠져 오는 경우도 있다. 그리고 부모와 자녀는 서로 다른 이야기를 한다. 여행은 그 자체가 목적이 아니라 여행의 과정을 통해 서로를 이해하고 추억을 공유하며 서로에 대한 신뢰를 쌓는 것이 목적이 되어야 한다. 여행을 가는 것만으로는 자녀를 행복하게 할 수 없다.

가족이 놀이동산에 다녀온 후에 자녀가 더 툴툴대고 반항을 한다면, 여러 가지 이유가 있겠지만 그중에 하나는 바로 같이 놀지 않았기 때문일 것이다. 아빠는 스마트폰만 보거나 낮잠만 잔다거나, 아이들끼리 놀게 하고 부모는 따로 노는 경우도 이에 속한다. 물론 자녀의 놀이에 모두 관여하거나 같이 할 수 없지만 적어도 자녀의 입장에서 혼자 놀았다는 생각을 가지게 해서는 안 된다. 비싼 비용을 들여 놀다 왔다고 해서 가족의 추억이 만들어지는 것은 아니다.

함께하면 추억이 된다

물총싸움

'희망이의 친구'하면 가장 먼저 떠오르는 이름은 '한종희'이다. 부평의 같은 아파트에 살던 희망이보다 세 살 위의 형이다. 그때나 지금이나 희망이는 신중하고 가끔은 심각하다. 재미있는 것이 다 끝나고 나서야 혼자 흥분해서 아쉬워하는 아이를 보면, 내가 이해하지 못하는 부분이 있는 아이가 이상해 보일 정도였다. 종희는 키도 작고 몸집도 왜소했지만 누구보다 활발하고 동네 아이들 사이에서 리더십도 있어 보였다. 부평에서의 마지막 4년은 누구보다 종희하고 지낸 기억이 가장 많다.

가끔은 우리집 큰 아들처럼 지내곤 했다. 단순히 생일날 초대하거나 동네 놀이터에서 노는 수준을 넘어 서울랜드, 롯데월드, 에버랜드도 같이 갔다. 사랑이도 종희를 큰 오빠처럼 대했다.

여름에는 아파트 아이들의 물총싸움이 시작된다. 단지 내에서의 물총싸움이지만 정말 재미있다. 대부분 다 아는 아이들이고, 같은 학교에 다니는 선후배 사이다. 그날도 평소처럼 물총싸움을 했는데, 싸움의 공간이 놀이터에서 아파트 단지 전체로 확대되었다. 아이들의 숫자가 늘어서인지 너무 멀리 가버린 희망이가 보이질 않아 약간은 걱정이 되었다. 그래도 종희가 같은 편이고 항상 희망이를 잘 데리고 다녀서 사랑이만 지켜보았다.

아파트와 길 사이의 담장은 좁아서 어른들은 일부러 접근할 일이 없다. 그날 아이들은 그 좁은 공간과 도로를 마음껏 드나들었던 것 같다. 내가 계속 지켜보고 있었다면 위험하다고 못하게 했을 것이다. 나는 이런쪽으로는 겁쟁이다. 대부분의 엄마는 그렇지 않을까? 엄마가 없고 종희만 따르게 되니 희망이는 평소와는 다르게 위험한 일을 많이 한 것 같다. 저녁을 먹을 때 오후의 무용담을 재잘거린다. 나는 위험하다고 다음부터는 하지 말라고 했지만, 이번에는 아빠가 나선다.

"많이 위험하지는 않냐? 다른 아이들도 다 잘 하든? 너도 쉽게 했냐?"

"응."

"조심해서 해라. 어째든 위험하다는 것은 알지?"

"네."

아이의 표정이 밝다.

인라인 스케이트

백운역 근처에 백운공원이 완성되었다. 집 근처에 처음으로 생긴 공원인데, 길을 따라 자전거와 인라인을 탈 수 있는 커다란 인라인 스케이트장도 생겼다.

아파트는 차가 자주 출입하다 보니 아무래도 신경이 쓰여서 공원에서 인라인 연습을 하게 되었다. 희망이는 성격 탓인지 내가 보기에도 조심성이 너무 많다. 평지에서는 그런대로 타는 듯 보였지만 공원의 길은 오르막 내리막길이라 내리막에서는 무서워하고 힘들어 했다.

어느 날 아이들과 공원에서 연습을 하고 있는데 종희가 왔다. 한편으로는 반가웠지만, 종희가 너무 위험하게 인라인을 타는 것 같아 걱정스러웠다. 사실 엄마가 두 아이를 보면서 다치지 않게 주의하는 것이 쉽지는 않다.

아이 셋이 즐겁게 이야기 하더니 인라인을 타기 시작했다. 희망이는 종희를 따라 하고 싶어한다. 아까보다 속력이 더 붙고, 장난스러운 몸짓도 많이 한다. 드디어 종희가 내리막길을 신나게 달려 내려간다. 괴성도 지른다. 희망이가 약간 멈칫하자 종희가 소리친다.

"괜찮아. 고개 숙이고 천천히 내려와. 기분 정말 좋아."

희망이가 망설이다 내리막길을 시도해 본다. 마음이 벌렁거린다. 내가 타는 것도 아닌데 내 다리에 힘이 들어간다. 다행히 희망이는 무사히 내려오더니 특유의 미소를 짓는다. 저 표정은 기분이 매우 좋다는 뜻이다. 그렇게 두 아이는 여러 번 내리막길을 신나게 내려간다. 이제는 사랑이도 내리막길을 시도하려는가 보다. 내 손을 놓더니 오빠들의 흉내를 낸다.

집으로 돌아가는 길에 아이 셋에게 아이스크림 하나씩을 들려주었다. 땀 때문에 얼굴은 더러워도 표정은 천사다. 희망이는 기분이 많이 좋아 보인다. 그후로는 종희가 없어도 혼자 내리막길에서 여러 가지 기술을 연구하는 것 같다. 자기의 뜻대로 되면 이제는 사랑이에게 가르치려는 것 같다.

노리와 깃털이

아파트에서 애완동물을 키우는 일이 지금은 흔하지만 그렇게 쉬운 일은 아니다. 내가 어렸을 때는 개를 기르곤 했었는데 지금은 나도 아이들도 개를 무서워해 기를 생각은 해보지 않았다.

우리 가족이 서울로 이사온 후 가끔 주말에 가는 설렁탕집이 있다. 아침에 설렁탕을 먹고 밖에 나오니 어린이날 선물로 병아리를 주고 있었다. 받을까 말까 고민할 틈도 없이 아이들은 이미 병아리에게 정신을 빼앗겼다. 병아리 두 마리를 받아서 왔다.

한 마리는 온통 노란색이어서 '노리'로, 다른 하나는 깃털만 색이 달라서 '깃털이'라고 부르기로 했다. 사실 병아리와의 동거는 그리 오래 가지 않았다. 큰 박스에 넣어서 키웠는데 하루가 다르게 커가니 어느 날부터는 박스에서 날아올라 밖으로 나오려고 했다. 먹이 주는 일은 어렵지 않아 아이들이 했지만, 변을 치우는 일은 퇴근 후에 아빠가 해야 했다. 변을 치우면서 바로 얼마 전까지만 해도 너희들 이렇게 변을 치워주곤 했다고 말한다.

짧은 기간이었지만 아이들은 병아리들에게서 특이점을 발견했다.

낮에는 자리 때문에 싸우기도 하고 먹이 때문에 깃털이가 노리를 괴롭히기도 하지만 밤이 되면 서로 머리를 맞대고 친하게 잠을 잔다는 것이다. 아이들의 말을 듣고 관찰해 보니 정말 그렇다. 밤에는 너무 사이좋게 붙어서 잘 잔다.

"너희들도 잘 보고 밤에라도 사이좋게 지내. 알았지?"

두 마리가 우리(?)를 뛰쳐나와 집안이 난리가 났었다. 병아리들은 그해 여름이 되기 전에 아이들이 다니는 초등학교에 있는 작은 우리로 보냈다. 아이들은 하굣길에 노리와 깃털이를 보고 오면서 그해 겨울까지 이야기를 하곤 했다.

침대놀이

아빠는 침대놀이만큼 아이들과 쉽게 친해지는 것도 없다고 한다. 침대는 푹신하고 감촉이 좋아 아이에게는 더없이 좋은 놀이터다. 또 좁아서 자연스럽게 접촉이 발생한다. 우리 아이들뿐 아니라 다른 가족과 여행을 가도 나는 방에 있는 침대를 연결해서 아이들이 뛰어놀 수 있게 한다. 어느 아이들이나 좋아한다. 처음에 생소해 하던 아이들도 금방 신나게 논다. 이 단순한 놀이가 얼마나 재미있는지를 알게 되는 것이다.

침대놀이는 아이가 크면 하지 못한다. 초등학교 저학년까지만이다. 유아기 놀이로 딱 좋다. 가끔 좋은 호텔에 가면 아이들은 호텔이나 주변 경치보다 침대놀이가 더 좋았다고 말하곤 한다. 어릴 적 찍은 여러 장의 사진은 침대에서 찍은 사진이다. 아이들은 어른보다 더 잘 기억한다. 부모는 거기가 어디였는지 기억하지 못하지만 아이들은 어떻게 놀았는지까지 기억한다.

이렇게 간단하면서 재미있는 놀이는 많다. 종이를 꾸겨서 공처럼 만들어 쓰레기통에 넣는 놀이도 생각보다 재미있다. 집어넣는 것은 종이공 외에 다른 물건으로 확대할 수도 있다. 가위, 바위, 보를 해서 순서를 정해서 하면 더 재미있다. 또 작은 동네 슈퍼에서 파는(당시에는 500원 정도) 조그마한 봉지 안에 간단한 블록이 들어있는 과자가 있었다. 크고 화려한 블록은 아니지만 아이들은 단순하고 볼품없는 블록에도 즐거워 한다.

자녀에게 추억을 만들어주는 것에 대한 부모들의 오해는 '너무 좋은 것'에 집착하는 데 있다. 목적지향적 성향이 강한 부모들은 심할 정도다. 추억은 과정이 중요하다. 대부분의 자녀 양육은 과정이 결과보다 중요한 경우가 많다. 자녀의 행복과 추억은 어디를 갔느냐가 아니라 같이 무엇을 했느냐에 달렸다. 자녀는 부모의 시선으로 보지 않는다. 자기 나름대로의 방식이 있고, 느낌이 있는 것이다.

남산

우연히 강북으로 가는 길에 차창 너머로 남산이 보인다. 나에게 남산은 두 가지의 기억으로 남아있다. 학창 시절에는 오로지 공부만 하겠다는 일념으로 언니와 자주 왔던 곳이다. 그때는 주변 경관이나 남산의 구경거리에는 관심이 없었다. 오로지 열람실에서 공부하고 때가 되면 밥 먹고 다시 공부하고 저녁에 뿌듯한 마음으로 집으로 향하곤 했다. 그때의 남산에는 추억은 없다. 그저 공부만 하던 10대의 나만 있다.

희망이가 다니는 유치원에서 남산타워와 남산과학관을 견학한 적이 있었다. 그 이후로 사랑이는 가슴에 안고 희망이 손을 잡고 인천에서 지하철로, 다시 버스로 옮겨 타고 남산에 오곤 했다. 아이들을 데리고 남산에 와서 하루 종일 지내다 집으로 가곤 했다. 가끔은 아무 계획도 없이 희망이가 원하면 집에서 입던 옷 그대로 나와 지하철에 몸을 실었다.

두 아이에게 남산은 놀이터다. 즐거운 추억이 있는 곳이다. 그곳에 있는 음식점과 전시관, 전망대와 케이블카도 모두 즐거운 추억이다. 두 아이가 없었더라면 나에게 남산은 그저 공부만 했던 곳에 불과했을 것이다. 나에게는 학창시절 수없이 갔던 남산보다 아이들과 갔던 남산에 많은 이야깃거리가 있다.

나중에 사랑이가 '남산예비작가교실'에 뽑혀 다시 남산에 가게 되었다. 아이를 데리고 402번 버스를 타고 남산으로 향했다. 사랑이는 멀미가 심해 버스를 타는 것을 힘들어 하는데 잘 견디고 있다.

"엄마랑 여기 여러 번 왔었는데, 기억나니?"

"당연하지, 다 기억하지."

도서관을 1층부터 천천히 둘러보았다. 사랑이가 책이 있는 이곳저곳을 살펴보고 무척 마음에 들어한다. 우리가 항상 갔던 타워도 보았다. 사랑이가 공부할 곳을 둘러보고 버스 타는 것을 알려주고 같이 돌아왔다. 아이는 이제 남산을 나와는 다르게 추억할 것이다. 이제는 정식으로 글을 배우기 시작한 곳으로 기억할 것이다.

악몽도 추억(아빠의 이야기)

한식날 무주로 여행을 가기로 했다. 무주 티롤호텔이다. 1박 2일로 토요일 점심에 출발해서 일요일 점심 후에 인천으로 돌아오는 계획이다. 다행이 무주는 5월이 비수기라 비용 부담이 적었고, 호텔이 신축이라 아이들과 하루 보내고 오기 적당하다는 생각이었다.

토요일 진료를 일찍 마치고 오후 2시에 출발했다. 늦어도 오후 7시면 도착해 식사 후에 산책을 하고 재미있는 놀 것을 찾으려고 마음먹고 있었다. 그런데 인천을 출발하고 30분이 지나자 계획이 틀어졌다는 것을 알 수 있었다. 한식이 겹쳐서 고속도로는 마비 상태였다. 저녁은 고속도로 휴게실에서 떼웠다. 아이들에게 미안했다. 계획은 이게 아닌데.

그런데 진짜 문제는 이미 어두워진 저녁, 고속도로를 빠져나와서부터였다. 당시에는 내비게이션이 없어 가는 길을 적어놓은 종이를 보고 이정표를 확인하면서 가야 하는데, 고속도로를 나와 무주 근처에 오니 아예 불빛이 없었다. 이정표도 잘 보이지 않아 차안에서 밤을 보내게 되는 건 아닌가 하는 불안감마저 들었다. 아이들도 처음에는 노래도 부르고 게임도 하더니 이제는 잠이 들었다. 밤 10시가 넘자 깨서는 두리번거리며 어리둥절해 한다.

당시 무주리조트 가는 길은 완전 시골길이었다. 아무 것도 없는 어둠을 뚫고 가다가 무주리조트 입구에 들어서야 환한 불빛의 건물을 볼 수 있었다. 스키 시즌도 아니어서 다니는 차량도 없다.

"아빠. 길이 왜 이리 어두워?"

"괜찮아. 길이 이거 하나니까 가면 돼. 곧 나올 거야."

"차가 하나도 없는데, 이 길 맞아?"

"그럼, 걱정 말라니까."

사실은 정말로 걱정이 되었다. 벌써 12시가 넘었다. 멀리서 조그만 불빛이라도 보이면 무조건 차를 세우고 물어 보았다. 일단은 맞게 가고 있다는 말에 안심은 되었지만 아직도 더 가야 한다니 또 걱정이다.

결국 새벽 1시가 넘어서 호텔에 도착했다. 프런트에 있던 직원의 당황한 얼굴이 지금도 생각난다. 1박 하는 손님이 새벽 1시가 넘어 도착했으니 그런 표정을 지었으리라. 그래도 무사히 도착한 것만으로도 감사하다. 그런데 아이들에게 재미없고 무서운 좋지 않은 기억으로 남지는 않을까 걱정이 됐다.

하지만 다음날이 되니 이것은 기우에 지나지 않았다. 아침 일찍부터 일어나 즐겁게 노는 것은 물론이고 오히려 어젯밤의 일은 두 아이에게 무용담이 되어 있었다. 두 아이는 지나온 길을 얘기하며 즐겁게 조잘거렸다.

나는 주위 사람들이 아빠와 아이들과 여행가는 것에 대해 조언을 구하면 자신있게 말한다.

"할 수 있을 때 지나칠 만큼 해라. 지금 아니면 못하고, 그만큼 중요하다."

발리(엄마의 이야기)

발리에서 있던 일이다. 옵션으로 리프팅을 신청했다. 좋은 경험이 될 것이고 특별할 거라 기대했다. 낮은 절벽같은 곳에서 위험한 길을 한참을 내려와서야 출발하는 곳에 도착했다. 시작되는 곳까지의 길이 왠지 엉성해 보여 믿어도 되는 업체인지 혼란스러웠다. 그래도 가족 넷이 한 배에 타니 기분은 좋았다. 전문가로 보이는 원주민 한 명이 같이 탑승했다. 처음에는 기분이 좋았다. 물이 내려가는 속도도 잔잔해서 아이들도 노를 젓는 것이 즐거워 보였다. 그런데 물이 점점 빨라지더니 마치 낭떠러지에서 미끄러지듯이 아래로 계속 내려간다. 놀이동산이야 안전이 보장되지만 여기도 믿을 수 있나? 전문가 아저씨도 땀을 흘리면서 배가 뒤집어지지 않게 노력한다. 말이 통하지 않으니 짧은 영어로 서로 눈치를 본다. 이제는 전문가가 조심하라고까지 한다. 갑자기 물살이 빨라지고 급경사다. 배가 이리저리 휘청거리고 아이들만 아니면 내려달라고 소리치고 싶었다.

"악, 무서워." 결국 소리치고 말았다. 희망이가 실실 웃으면서 엄마가 소리치는 것을 보고 있다. '얄미운 놈.'

갑자기 물이 고요히 흐르더니 하늘이 어두워진다. 하늘을 쳐다볼 마음이 들지 않았다. 물살이 천천히 흐르니 이젠 끝난 것 같다. 그런데 점점 어두워진다. '비가 오려나.' 그런데 이상한 소리가 점점 크게 들린다. 무슨 소리인지 잘 모르겠지만 점점 또렷이 들린다. 희망이가 하늘을 보면서 뭔가 감탄해 하고 있다. 저 녀석의 저 표정을 잘 안다. 신기하고 뜻하지 않게 뭔가를 얻었을 때 나오는 표정이다.

"엄마, 박쥐다." 사랑이가 소리친다.

'박쥐. 책이나 영화에서 보는 징그러운 동물, 아니 새인가?'

이제야 하늘을 보니 양쪽으로 펼쳐진 거대한 절벽이 점점 서로 가까워지고 있어 어두워진 것이다. 벽의 양쪽으로 박쥐가 붙어 있고, 하늘에는 새가 날아다닌다.

'와, 아니 악, 진짜 이게 뭐야.'

아마 혼자 여행을 했다면 기절을 했을 것이다. 지금 생각하면 신기하고 다시는 볼 수 없는 멋진 광경이었겠지만 그때는 그랬다. 아이들은 박쥐 이야기가 나오면 지금도 좋아한다.

아이를 키우면서 여행이나 놀이를 하다 보면 계획하지 않고 원하지 않은 일이 항상 발생한다. 희망이는 머리를 두 번이나 다쳐 응급실에서 꿰매는 일이 있었다. 운동을 하다 머리가 다쳤는데 조금 심각한 상황이었다. 아이들은 이런 일조차도 추억으로 떠올린다.

가끔 청소년 내담자와의 대화를 하다 보면 정말 즐겁고, 재미있어야 할 여행을 악몽으로 기억하는 경우가 종종 있다. 부모는 뿌듯하게 생각하는 일조차도 아이들은 다시는 생각하기도 싫을 만큼 최악이었다고 말하기도 한다. 아이의 입장에서 보면 추억도, 악몽도 부모에게 달려 있는 경우가 많다.

눈사람

아이들하고 눈사람 한 번 만들어 보지 않은 부모가 있을까 싶지만 의외로 많다.

희망이가 중학생이 되기 전까지 우리는 매년 겨울에는 눈사람을 만들었다. 기억에 남는 눈사람은 인천에서 한 번, 서울에서 한 번이다. 한 번은 우리가 생각해도 너무 잘 만들어서이고, 한 번은 눈이 녹지 않아 오랫동안 눈사람을 볼 수 있었기 때문이다.

눈사람을 아이들과 함께 만드는 일은 생각보다 어렵다. 아이들은 빠르지도 않으면서 자기 고집이 있어 의견을 맞추기가 쉽지 않다. 그리고 제대로 된 눈사람을 만들 수 있는 날도 적다. 눈이 밤에 오면 안 되고, 또 잘 뭉쳐지지 않는 눈도 있다. 또 눈이 주말에 오지 않는다면 아빠와는 같이 만들기가 쉽지 않다. 눈사람 만들기가 쉬워 보여도 잘 안 되는 이유이다. 두 번만 같이 해주면 다음에는 자기들끼리 잘 한다. 직장을 마치고 돌아오면 아이들이 만든 눈사람에 점수를 매겨줄 수도 있다.

인형뽑기

오래 전에 인형뽑기가 유행하던 시절이 있었다. 그때는 아무 데나 가도 인형뽑는 기계를 쉽게 볼 수 있었다. (요즘 유행이 다시 돌아왔다.) 우리 가족도 처음에는 재미로, 나중에는 인형을 모아서 큰 인형으로 바꾸자는 일념으로, 또는 경쟁심으로 한 동안 인형뽑기에 열중했었다.

백운역과 아파트 사이 골목길에 뽑기 가게가 여러 개 생겼다. 처음에는 아빠가 주로 뽑았다. 제일 잘 하니까. 그러다 차츰 아이에게 순서가 돌아가고 두 아이가 경쟁적으로 인형을 뽑아댔다. 방 한 개의 절반이 인형으로 가득 찼다. 결국 커다란 인형으로 바꾸었다. 작은 인형 50개를 주면 멋있고 유명한 캐릭터 인형으로 바꿔준다.

커다란 인형은 아이들의 베개가 되고 친구가 되었다. 작은 인형도, 큰 인형도 친구들에게 자랑이 되고, 선물도 되곤 했다. 지금도 집안 구석에는 작고 큰 인형이 하나씩 있다.

박쥐, 인형, 밤, 병아리라는 단어는 다른 사람에게는 의미가 없겠지만 우리 가족에게는 남다른 의미가 있다. 같은 추억과 기억이 있고, 행복을 느낄 수 있는 단어인 것이다. 추억에는 많은 비용이 드는 것이 아니다. 대부분은 적은 비용으로 얻을 수 있다.

청소년기 이상의 내담자에게 현재 가장 즐거운 일은 무엇이며, 가장 즐거웠던 추억은 무엇인지를 이야기해 보라고 한다. 즐거운 일이 있는 내담자가 있고 무엇에든 흥미가 없는 내담자도 있다. 마찬가지로 즐거웠던 기억이 많은 경우와 아예 그런 추억이 없다고 말하는 내담자도 있다.

긍정적인 추억은 어렵고 힘든 시기에 에너지로 작용한다. 자녀에게 되도록 즐겁고 행복한 추억을 많이 만들어주어 힘들 때 자신을 지탱하는 에너지가 되도록 해야 한다.

아이에게 추억을 만들어주는 것은 어렵거나 시간이 많이 필요하거나 대단한 것이 아니다. 어쩌면 '노리와 깃털이'처럼 사소한 것이 추억이 되기도 한다. 작은 것부터 공유하면 큰 추억이 된다. 당장 아이들과 나가 가벼운 산책을 하며 이야기 하자. 이것도 힘들다면 외국여행도, 산을 오르는 극기훈련도 서로의 마음을 열기는 힘들다. 가족의 추억은 더운 여름 빙수 한 그릇을 먹는 것부터, 또는 겨울엔 눈사람 만드는 것에서부터 시작하면 된다.

상담 때나 지인들과 자녀에 대한 이야기를 하다보면 듣기 거북한 말이 '놀아 준다'라는 말이다. 우리는 사랑하는 이성에게 '사랑해 준다'라고 말하지 않는다. 그냥 '사랑한다'라고 한다. 그런데 무의식중에 아이들과의 놀이는 '놀아 준다'라고 한다. 아이들과는 '놀아 주는 것'이 아니라

'같이 노는 것'이다. 부모가 즐거워해야 아이들도 진짜 기쁘게 느낀다. 혼자 노는 것이 아니라 같이 해야 그 즐거움이 배가 된다. 사회생활로 바빠 가끔씩만 놀 수 있는 부모라면, 어쩌면 아이들이 부모의 시간에 맞추어 정말 '놀아 주는 것'일지도 모른다.

아이들은 더 즐거워야 한다

유아나 청소년 부모 상담을 하면서 느끼는 것은 대부분의 부모들은 놀이의 중요성을 모르고, 또 어떻게 놀아줄지도 모른다는 것이다. 나 역시 처음부터 알고 시작한 것은 아니었지만 아이들을 '행복'하게 해주고 싶다는 것이 그 시작이었다. 다행이 '놀이'에 대한 생각은 남편과 많이 일치하였다.

자녀와의 놀이도 부부가 잘 맞아야 수월하다. 혼자 하는 것보다는 같이 하는 것이 쉽다. 역할 분담이 잘되면 더 좋다. 우리 부부의 경우, 즉흥적인 것은 엄마가 담당하고, 계획을 세우는 것은 아빠의 몫이었다. 종이접기는 내가 하고, 블록이나 과학상자 같은 것은 남편이 했다. 놀이동산에 가도 귀신의 집은 아빠가 앞에 서지만 높이 올라가는 것은 내가 더 잘한다. 이렇게 서로의 장점을 살리면 놀이도 쉽다.

"아이들과 어떻게 놀아야 돼요?"라는 질문을 자주 받는다.

"엄마가 놀이에 몰입해서 즐거워하면 아이도 더 즐겁고 행복해합니다."

특별한 놀이가 필요한 것이 아니다. 생각보다 아이들은 작은 것에 감동받고, 우리가 생각하는 것보다 소소한 것에 더 열광하는 경우가 많다. 대신 부모가 같이 즐거워해야 한다.

아이와 놀이터에 많이 나가 보았다. 아이는 모래에 털썩 앉아 한없이 굴을 파고 탑을 쌓아 신기한 나라를 만들었다. 이때 엄마는 놀고 있는 아이 옆에 있어주기만 하면 된다. 놀아줄 것도 없다. 그냥 엄마가 재밌어 하는 모습을 보여주면 된다. 모래는 만지는 감촉이 부드러워 기분을 좋게 한다. 왜 아이들이 모래에 빠져 노는지 알게 되었다. 아이는 여러개의 모래도구와 소꿉놀이세트를 가지고 다양하게 모래를 변형해서 갖고 놀았다. 나뭇잎을 따서 장식을 하기도 하고 물을 얹어 수로를 만들기도 한다.

친구가 없더라도 괜찮다. 엄마와 아이 둘이 재미있게 놀고 있는 모습을 보면 친구가 하나둘 꼬이기도 한다. 친구가 생기면 엄마가 살짝 빠져주면 된다. 신나게 놀고 나면 아이는 얼굴이 빨개져 집에 들어온다. 놀고 싶은 욕구가 충분히 충족이 되었기 때문에 해야 할 것들에 대해 싫다는 얘기를 하지 않는다. 그때 함께 아이들과 앉아서 이야기를 하면 된다.

아이가 원할 때 논다

엄마는 집안일 할 거 다 하고, 아빠는 회사 일 다 보고 시간이 나면 아이들과 노는 것이 아니다. 아이도 자신이 놀기를 원하는 때가 있다는 것을 알아줬으면 좋겠다. 어른도 아무리 좋은 것이라도 싫은 때가 있듯이 아이도 마찬가지다. 그런면에서 난 아이들과 노는 것에 타고 났다. 다른 모든 것에 비해 아이들과 노는 것은 항상 1순위다.

욕구 충족과 만족감은 유소년기에 매우 중요한 정서이다. 이 정서적 바탕은 '자존감'이라는 강하고 든든한 주체성을 만들게 된다. 다른 많은 요인도 있지만 어렸을 때의 놀이를 통한 즐거움의 부족 때문에 사랑이 부족하다고 느끼는 사람도 있다. 그런 사람들이 항상 하는 이야기는 가족과 함께한 추억이 없다는 것이다. 이제라도 그런 추억을 만들고 싶다고 한다.

이건 내 생각인데, 엄마가 아이와 함께 놀려면 적어도 많이 건강해야 한다. 아이 둘을 데리고 인천에서 지하철과 버스를 타고 남산 과학관에 가는 것은 마음으로만 되는 것은 아니다. 튼튼한 몸은 기본이다. 아이들을 데리고 다니면서 엄마가 먼저 지치면 자녀에게 부드럽게 대할 수 없다. 어쩌면 튼튼한 몸이 친절을 만드는 것 같다.

중미산 천문대

희망이를 키우면서 항상 가장 걱정되었던 부분이 친구 사귀기였다. 아이가 부모와 떨어져 캠프를 가면 혹시 친구를 사귀는 데 도움이 되지 않을까 하는 바람에 여기저기 알아보다가 희망이가 선택한 것은 '중미산 천문대'였다.

이후엔 사랑이에게도 캠프를 권유했는데, '리더십 캠프'와 '법에 관한 캠프'를 선택했다. 각자의 다른 특성은 어쩔 수 없다.

캠핑을 간 희망이가 혹시라도 적응을 못할까 걱정되는 마음에 떠나보내는 버스 앞까지도 걱정이 됐다. 희망이가 2박3일의 일정을 마치고 돌아왔다.

"힘들지 않았니? 밥은 잘 먹었니? 아프지는 않았니?"

왜 부모는 부정적인 것만 먼저 물어보는 것일까?

지나서 생각해 보면 희망이는 영재원 생활도, 영재학교 기숙사 생활도 나름대로 잘 했다. 다른 아이들과는 다른 방식이지만 본인의 스타일이 있다. 2학년 때 간 미국연수도 잘했다. 2주간의 짧은 시간이었지만 친구들과 신나게 놀고, 저명한 교수님에게도 짧은 영어로 많은 질문을 하곤 했다.

희망이는 그후 수일에 걸쳐 천문대의 경험을 이야기 했다. 친구들과 지낸 이야기와 새벽 2시에 별 구경을 하는 기분이 어떠했으며, 밥 먹은 이야기며, 밤에 벌레 때문에 무서웠던 이야기를 했다. 아이는 별자리를 보고 온 감동이 쉽게 가시지 않는 듯 했다. 그 후로 천문에 관한 여러가지 책을 보았다. 물리학에 대한 관심이 이때부터 커지기 시작했던 것 같다.

그후로도 두 아이는 매년 여름에 캠프에 참가했다. 사이언스, 법, 동네에서 하는 영어마을까지, 물론 그것도 때가 있어 시간이 가니 멈추게 되었다. 항상 멈춤은 자연스럽게 이루어진다.

상담을 하다 보면, 단기 캠프에 다녀오고 나서 오히려 상처를 받고 온 아이들을 흔히 보게 된다. 특히 단기 어학연수와 같은 캠프에서 그렇다. 여기엔 여러가지 이유가 있겠지만 자녀의 심리적 상태를 정확히 파악하지 못했거나, 학습의 측면만을 너무 강조했거나, 자녀가 원하지 않는데 부모가 마음대로 정했기 때문이기도 하다.

자신이 잘하고 관심 있는 분야의 캠프는 가기 전부터의 설렘이 있다. 그렇지만 관심도 없던 것을 부모의 강요에 의해 가게 되면 단지 힘들거나 싫다는 감정뿐 아니라 그 일 혹은 그 분야를 싫어하게 된다. 이런 정서는 당연히 인지 발달에도 방해가 될 뿐 아니라 부모에 대한 부정정인 정서를 가지게 한다. 이유가 무엇이든 만약 자녀가 캠프에 다녀온 후에 캠프에 대해서 즐겁게 이야기 하지 않는다면 그 캠프는 의미가 없었던 것이다.

연극

가끔은 아무리 생각해도 아이들과 갈 곳이 마땅치 않을 때가 있다. 무언가 새로운 것을 시도해 보고 싶기는 하지만 항상 기회가 되는 것도 아니다. 유소년기 자녀와는 반복적이라고 해도 즐거운 거리를 만들어 놓는 것이 중요하다. 나 역시 연극, 서울랜드 등 지겨운 일상을 벗어나 가볍게 즐길 수 있는 것을 만들기 위해 노력했다. 반복되는 즐거운 정서는 행복의 기초가 된다. 나는 행복감도 습관이라고 내담자에게 말하곤 한다. 이런 습관은 유소년에게 더 중요하다. 초등학교 저학년 정도의 내담자중에는 뭘 해도 쉽게 행복감을 느끼지 못하는 아이들이 종종 있다. 여러 가지 이유가 있지만 공통적으로 과거에 자잘한 즐거움을 느껴보지 못한 경우가 많았다.

희망이는 여섯 살이 되니 밖으로 나가고 싶은 욕망이 점점 커졌다. 그때 눈에 들어 온 것이 연극이었다. 그때는 부평시장과 백화점 사이의 한 건물에 연극 무대가 있었는데, 2주에 한 번씩 아이들이 좋아할 만한 연극을 새롭게 올리고 있었다.

일단 가봤는데 아이들의 반응이 괜찮았다. 그리고 일주나 이주에 한 번씩 자주 갔다. 아이들이 너무 좋아했다.

지금 생각해 보면 내용이나 무대가 허접했지만 당시에 아이들 반응은 폭발적이었다. 독서하고, 영어 듣기도 하다가 아이들이 지겨워할 것 같은 시간이 되면 연극을 보러 갔다. 일단 보고 오면 이야기 할 것이 많이 생긴다. 사랑이가 주로 말을 많이 한다. 흉내도 내고 느낀 감정 표현에 충실하다. 이때 연극을 본 경험이 희망이가 고등학교에서 연극동아리를 하게 된 것에 영향을 미쳤는지는 모르겠지만 사랑이의 글쓰기에는 영향을 미친 것 같다.

사랑이는 연극이 끝나고 나면 가끔 배우가 하는 질문에 곧잘 용감히 손을 들고 대답하곤 했다. 배우들과 사진도 잘 찍는다. 그리고 오빠를 끌고 가서 사진을 찍게 해준다. 또한 집에 와서 연극에 대해 이야기 하다보면 나도 눈치 채지 못한 부분을 잘 집어내곤 했다.

"그때 무대 어떤 이상한 장치가 있었어."

각자가 연극을 보면서 느낀 부분에는 차이가 있다. 이것은 아이들 특성의 문제다. 희망이는 무대의 장치, 움직임, 특성 등을 자세히 보고, 사랑이는 배우의 말과 표현 감정을 본다. 각자의 특성을 살려주는 것이 좋다.

연극에 익숙해지자 이제는 좀 더 멀리 가보기로 했다. 마침 '복사골 문화센터'에서 문화축제가 열렸다. 해마다 있는 축제이며, 이사 가기 전까지 우리집의 연례행사였다. 연극도 있었는데 무대가 크고, 객석도 훨씬 좋았다. 그동안 본 연극이 시시해질 지경이였다.

저녁에 집에 가면 토론의 장이 열린다. 형식은 관계없다. 발표를 하든, 편하게 누워서 하든 각자가 보고 느낀 점에 대해 이야기 한다. 서로를 비판하거나 자기가 옳다고 주장하지 않는다. 그냥 내가 받은 느낌을 이야기하고 설명하면 된다.

사랑이는 초등학교 4학년 때부터 영어발표대회에 나갔다. 나중에는 학교 대표로 뽑혀 강남구 전체에서 상을 받아 왔다. 중요한 것은 상이 아니라 대중 앞에서 떨거나 위축되지 않는다는 것이다. 아이들에게 무엇이든지 항상 앞에서 발표하도록 한 것은 잘한 것 같다.

이런 습관은 지금도 계속 되어 같이 영화를 보고 나면 각자의 의견을 이야기 한다. 간단히 과자 몇 개를 놓고도 재미있는 토론을 할 수 있다.

많은 부모들이 아이들과 대화가 안 된다고 한다. 실제로 이런 문제로 힘들어하는 사람들을 많이 본다. 처음부터 쉬운 것은 없다. 천천히 늦지 않았으니 지금부터라도 '제발 공부 얘기 빼고' 시작해 보자. 특히 자녀가 어리다면 지금부터 습관을 만들면 된다. 훈계나 가르치는 것이 아니라 함께 이야기를 하는 것이다.

많은 부모들이 아이들이 크면 대화하는 것을 어색하게 생각한다. 갑자기 이미 청소년이 된 자녀와 안하던 대화를 하려고 하면 잘 되지 않는다. 청소년기의 자녀와의 대화는 유소년기에 어떻게 했느냐에 달려 있다. 누구도 갑자기 편하게 대화할 수는 없다.

휴일엔 놀자

일요일은 1년에 54번 정도 있다. 그중에 몇 번이나 가족과 함께 외출을 하게 될까? 우리 가족은 희망이가 초등학교 6학년이 되기 전까지는 매주 외출을 했다. 정말 피곤해서 하루 종일 자는 날도 몇 번은 있었겠지만 매번 다른 이슈를 만들어 밖으로 나갔다. 아빠의 협조가 한 몫을 한 것은 틀림이 없다. 다른 부부의 이야기를 들어 보면 남편이 하루 종일 자거나 일 때문에 나가는 경우가 많다고 하는데, 남편은 그런 일이 별로 없었다. 오히려 먼저 계획을 세우고 아이들을 부추겨 일을 만들곤 했다. 지금도 두 아이는 아빠와 더 잘 통한다. 대화도 많이 하고, 고민 상담도 망설임이 없다.

한 달에 4번의 휴일이 있다. 그리고 밤 따기, 감 따기, 타조농원, 허브마을 등 당일치기 여행은 많이 있다. 생각보다 4인 가족 기준으로 비싸지 않다. 아빠와 같이 하는 프로그램도 많이 있다. 서바이벌 게임 같은 것이다. 주부가 특별히 준비하지 않아도 되는 장점도 있고 식사도 제공된다. 아이들 학교 친구와 모여서 가도 좋다. 사촌끼리 가도 좋다. 뭘 해도 좋다. 가려고 마음먹기가 힘들 뿐이다.

멀리 가는 것, 유명한 곳도 좋지만 가까운 곳도 좋다. 부평에 있을 때는 송도, 월미도, 연안부두, 영종도, 송내 등에 갔다. 서울로 이사 오니 동네 곳곳에 갈 곳이 더 많다. 어른의 눈으로 보면 별 볼일 없을지 모르지만 아이의 감각은 다르다. 모든 것이 새롭고 느끼는 바가 어른과는 다르다. 월미도에서 바람 맞으면서 소라 먹는 것만으로도 좋아하고, 인천 대공원에서 연만 날려도 아이들은 활짝 웃는다.

서울로 이사 와서 서울랜드는 우리의 산책코스가 되었다. 희망이 친구들과 같이 가서 아이들이 노는 모습을 보는 것도 좋고, 날씨가 따뜻해지면 저녁식사 후 심심할 때 서울랜드로 간다. 야식도 간간히 하고 1시간 정도 산책하면 좋다.

편하게 느껴지는 곳은 하나 더 있다. 경주다. 왜 자주 경주에 가게 되었는지는 잘 모르겠다. 구경거리가 많다는 점, 아이에게 보여주고 싶은 것이 많다고는 하지만 참 많이도 갔다. 가는김에 포항이나 부산까지도 가게 되지만 경주에서 보낸 시간이 더 많다. 여러 유적지를 둘러보고 드라이브하고 체험학습도 했다. 초등학교 저학년 때 놀이동산 말고 가장 자주 갔던 곳이 경주였다.

인천에서조차 아이 둘을 데리고 서울에 있는 박물관과 전시관, 과학관, 체험관을 수시로 갔다. 생각해 보면 마음이 문제다. 단순히 아이에 대한 의무감만으로는 지속하기 힘들다. 무언가 다른 것이 있어야 한다. 상담을 하다 보면 아이와 함께하는 놀이도, 공부도, 독서도 힘들어 하는 부모들을 보곤 한다. '양육'이라는 것이 이제는 꼭 공부를 해야 하는 분야가 아닐까라고 생각한다.

하나는 확실하다. 부모가 친구처럼 즐거워해야 아이가 더 즐거워한다. 부모가 인상을 쓰고 힘들어 하면 아무리 좋은 곳, 좋은 놀이, 좋은 음식이 있어도 아이에게는 추억이 아니라 악몽이 된다.

드라이브

주말에 오로지 쉬기만 하는 남편도 있지만(사실 좀 많은 것 같다.) 그런 면에서는 남편은 피곤한데도 말만 나오면 힘든 기색 없이 차를 몰고 나갔다. 아주 짧지만 양재천 사이길도 잠깐 나갔다 오기에 좋다.

아이들은 기차, 비행기, 배 자동차 같은 탈 것들을 나보다 좋아한다. 아마 대부분의 아이들은 그럴 것이다. 사실 목적지를 적당히만 정하면 드라이브 자체가 즐거운 놀이가 된다. 우리는 여러 번 인천공항에 갔었는데, 여행 때문이 아니라 심심해서 무작정 간 것이다. 공항 구경도 좋아하지만 가는 길 내내 좋아한다. 대부도, 제부도처럼 당일로 밥 먹고 산책하고 올 수 있는 코스는 드라이브 자체가 놀이가 된다. 차 안에서 이야기 하고 음악을 듣고, 간단한 게임을 할 수도 있다. 드라이브와 산책도 놀이가 되는 것이다.

아이들은 10년 넘은 자동차에 질려하거나, 더 좋은 차에 대한 기대도 있을 법한데 의외로 오래된 우리 차를 좋아한다. 이제는 차를 바꿀 때가 됐다는 것을 알지만, 아이들은 차를 애완동물처럼 생각한다. 이름도 있다. '붕붕이'.

외식

주부로 있는 주중에는 매번 식사를 준비한다. 때론 놀러 다니거나 공부를 가르치는 것보다 매일 세 번의 식사를 준비하는 것이 더 힘들다. 그래서 휴일이 오면 '외식'을 핑계로 밖으로 나간다. 특별히 비싸고 고급스러운 곳은 필요 없다. 신당동 즉석 떡볶기가 아니라면 동네 즉석 떡볶기도 괜찮고, 신림동 철판순대가 안 되면 길에서 파는 순대 한 접시도 괜찮다. 우리는 식사 중에 말을 많이 한다. 가끔은 의견이 틀려서 논쟁을 하기도 하지만 적어도 침묵 속에서 밥을 먹거나, 각자의 일을 하면서 식사하지는 않는다. 영화나 소설에 대한 이야기도 하고 친구나 학교에서의 문제도 이야기 한다. 내가 상담에서 느낀 점을 이야기 하면 청소년에 대한 토론이 시작되기도 한다. 정치 이야기도, 사회적 이슈에 대한 의견도 이야기 한다. 이야기가 길어지면 여름에는 팥빙수를 놓고, 겨울에는 커피를 놓고 계속된다. 흥이 나면 간단한 게임을 하기도 한다. 요즘은 '원 카드' 게임도 한다. 그래서인지 우리는 '밥 먹으러 나가자' 하면 그 자체가 놀이가 된다.

청소년 자녀와 외식을 할 때 자녀에게 선택권을 주는 것부터가 놀이의 시작이다. 아빠가 좋아하는 식당을 정하고 음식도 마음대로 주문한다면 먹는 것 이외의 의미는 없다. 청소년 자녀는 자신이 음식을 고르는 과정과 그 과정을 존중하는 부모의 태도에서 음식을 먹는 것 외의 여러 가지를 얻는다. 자신이 고른 음식점에서 즐겁게 이야기를 나누면서 즐겁게 먹는 것도 아이들은 추억으로 만든다. 실제로 상담에서 이런 이야기를 하는 청소년이 많다.

아이를 키우면서 느낀점은 아이들은 우리가 생각하는 것만큼 바보가 아니며, 우리와 다르게 느끼는 것이 많다는 점이다. 부모가 아이에게 배울 점도 많다.

나는 내담자와 부모에게 '즐거운 정서'에 대해 강조한다. 심리학적으로도 유소년기의 즐거운 기억은 남은 인생에 많은 영향을 미친다. 그런데 대부분의 부모들이 오해하는 것이 있다. 그것은 거창한 이벤트로 자녀를 행복하게 해줄 수 있다고 믿는 것이다. 크게 한 번 놀아주고 좋은 음식을 먹고, 큰돈을 들여 자랑할 거리를 만들어 주는 것이 아이가 행복할 거라고 생각하는 것 같다. 심리학적으로 유소년기의 즐겁거나 악몽 같은 기억은 이벤트보다는 그 시기에 전체적으로 흐르는 기조를 말한다.

40대 중반의 내담자는 자신이 7살 때 부모에게 맞은 뺨 한 대가 기억에 계속 남아 있다고 한다. 그런데 상담이 지속되면서 뺨 한 대는 사실 유소년기 전반에 있었던 부모의 양육태도를 대변한다는 것을 파악할 수 있었다. 강압적이고 자신의 편을 들지 않았던 부모의 태도를 뺨 한 대로 표현했던 것이다. 이제라도 큰 이벤트를 위해 고심하기보다는 소소하게 할 수 있는 작은 즐거움을 찾으면 좋겠다.

아빠의 역할

양육에서 아빠는 아무래도 엄마보다는 한발 물러서 있는 경우가 많다. 최근에는 이런 전통적인 양육태도가 변하고 있지만 아직 많은 아빠들은 잘 적응하지 못하고 있는 것 같다. 아빠들은 나이를 먹어 가면서 가족 내에서의 자신의 위치에 대해 억울한 면이 많다고 한다. 이해가 되는 일면도 있다. 그러나 아빠가 양육에 더욱 책임감 있게 했어야 하는 부분도 있다.

놀이는 아빠가 마음먹으면 잘 할 수 있는 분야다. 우리는 1년의 주말 54번 중에 서울 시댁에 가거나 공식적인 행사를 제외하면 일요일에는 항상 가족과 함께 외출을 했다. 대부분의 계획은 남편이 짠다. 계획이 없어도 재미있는 놀이를 찾아 밖으로 나간다. 이렇게 아이들과 추억을 만드는 일에 아빠는 필수적이다. 사실 아빠 없이는 힘든 일이다.

아이들은 아빠가 있으면 더 재미있어 하고 더 든든해한다. 더 모험적이 되고 그러면서도 겁을 먹지 않는다. 또 아빠와 재미있게 놀았다는 것만으로도 자랑이 되기도 한다. 최근에는 근엄하고 가부장적인 아빠의 모습보다는 친구 같은 아빠를 좋아한다. 자녀와 친구 같은 관계는 청소년기에 갑자기 만들 수 있는 것이 아니다. 유소년기부터 만들어가야 한다.

운동은 재미있는 놀이다

인간의 발달 과업은 인지, 정서 그리고 체력의 발달 과정이다. 인간은 타고난 인지 능력을 더 발전시키고 정서적 안정을 추구한다. 그리고 건강한 체력을 가지길 희망한다. 운동은 자녀에게 놀이와 여행 외에도 행복감을 줄 수 있는 중요한 활동이다. 서울에 이사와서는 양재천이 우리의 운동 공간이 됐다. 부평에서는 놀이가 곧 운동이라고 생각해서 따로 운동에 신경을 쓰지 않았다. 이사 오니 또래 친구들이 '주말 체육'이라는 이름으로 토요일에 주변 공원에서 체육을 배우고 있었다. 우리도 거의 1년동안 진행했는데, 마음에 들지는 않았다. 좀 더 자유롭고 마음이 내킬 때 여러 가지를 하는 것이 좋다는 생각이 들었다. 아무리 좋은 독서도 학원의 틀에 맞추어 배우는 것이 오히려 자녀에게 독이 될 수 있는 것과 마찬가지다. 또래가 모여 같은 것을 배우면 이상하리만큼 엄마들은 순위를 매기기 시작한다. 그리고 학교 체육에 도움이 되는 운동에 엄마들은 집착하기 시작한다.

나는 차라리 아무 때나 아이들이 원하는 운동을 하기로 했다. 농구도 하고 배드민턴도 한다. 가끔 탁구도 하고 축구도 한다. 물론 눈에 뛰게 실력이 늘거나 체력에 도움은 덜 된다. 그래도 중요한 것은 자유롭게 할 수 있다는 것이다.

인라인 스케이트

양재천 주변 경관은 이사 오기 전부터 만족하고 있었다. 양재천은 너무나 잘 만들어진 도심의 휴식공간이다. 지금은 여러 가지 일들로 자주 나가지 못하지만 이사 와서 5년간은 너무나 많은 이유로 양재천에 나가곤 했다. 아무때나 집 밖으로 나가서 놀 수 있는 공간이 있다는 것은 아이와 부모 관계에 도움이 된다. 차를 타고 이동하는 것이 아니라 그냥 "나가자."라고 말하면 입고 있던 옷 그대로 나가면 되는 곳 말이다.

사실 우리 부부가 많은 공을 들인 것 중 하나는 운동이다. 유소년기 발달의 3대 주체는 정서, 인지, 육체의 발달이다. 독서만큼이나 운동은 중요하다. 독서가 인지 발달에 도움이 된다면, 운동은 육체적 건강에 필수요소이다. 일요일 아침의 축구모임부터, 수영은 여러 번 강습을 받게 하였고, 탁구, 배드민턴에는 많은 시간을 들였지만 아이들의 운동신경은 우리의 기대와는 달랐다.

독서도 마찬가지이지만 가르친다고, 부모가 중요하게 여긴다고 해서 아이가 다 잘할 수는 없다. 또한 다 잘할 필요도 없다. 두 아이의 운동 신경은 평균 이하다. 그래도 상관없다. 그래도 자전거는 상당히 성공적이었으며, 나를 기쁘게 하는 것은 바로 인라인 스케이트이다. 인천에 있을 때부터 타기 시작했지만 역시 운동에 소질이 없어서인지, 대담하지 못해서인지 그다지 실력이 늘지는 않았다.

부평에서는 많은 시간을 인라인 타는 것으로 보냈다. 아파트에서 타는 것은 물론이고 주변의 공원을 찾아다녔다. 인천대공원에도 여러 번 갔고, 집 앞의 부평공원은 거의 매일 다녔다. 희망이는 초등학교 6학년부터 3개월 정도 강습을 받기도 했다. 두 아이가 같이 배웠다.

양재천을 따라 양재시민의 숲 가기 전에 인라인 스케이트장이 있다. 인라인 강습을 한 시기가 겨울 문턱이었고, 나는 아이들의 강습이 끝나기를 기다리고 있었다. 희망이는 저 나이에 저럴 수 있을까 싶을 정도로 항상 신중하다. 사랑이는 언제나 활기차고 즐거워 보인다. 3개월동안 희망이의 인라인 실력은 엄청나게 좋아졌다. 희망이는 인라인도 연구하듯이 탐구한다. 코너를 돌 때는 어쩌고, 속도를 낼 때는 어쩌고. 사랑이는 욕심은 많지만 몸이 아직 어려서인지 마음대로 되질 않는다. 선생님이 큰 아이의 칭찬을 많이 한다. 다른 아이들과 달리 연구하는 자세가 마음에 들어서인지 재능이 있다고까지 말한다. 부모 입장에서야 기분 좋은 말이지만, 나는 안다. 우리 아이들이 운동에 특별히 재능이 없다는 것을. 재능이 없어도 좋고, 잘 못해도 좋다. 운동도 하고, 기분도 좋아졌으면 충분하다.

추운 겨울에도 우리는 양재천으로 나갔다. 길에서 몸을 풀더니 코너 연습을 하고 싶다며 인라인장으로 가자고 한다. 우리는 커피를 마시면서 구경을 한다. 희망이는 계속 인라인을 타더니 배우지 않은 코너 워크를 한다. 속도가 많이 붙어서 마치 선수가 타는 것 같다. 지켜보는 남편도 매우 흡족해한다. 아마 선생님이 힌트를 준 것에 자신이 연구하고 연습을 한 모양이다. 매우 만족하고 기쁜 얼굴로 다가온다. 나는 큰 아이의 저런 표정을 잘 알고 있다. 복잡하고 어려운 공작 기계를 완성하고, 수일에 거쳐 역사 부도를 보고 역사연대기를 만들고 나서, 혹은 중학교 과학자습서를 혼자 킥킥대며 본 후에 우리에게 올 때의 표정이다. 아이는 오늘 잘 때까지 어떻게 코너 워크를 배우고 연습하고 익혔는지 계속 이야기할 것이다. 아이들이 인라인을 타면서 바람같이 달리고 신나하고 웃고 즐거워하던 모습은 지금도 눈에 선하다.

자전거

부평에서부터 아이들에게 자전거를 가르쳤지만 아파트 안과 도로에서는 위험에 노출되어 있어 항상 마음이 놓이질 않았다. 그때는 아이들만 자전거를 탔지만, 서울로 이사 와서는 양재천 덕분에 가족 모두가 타게 되었다. 사랑이도 네발에서 두발 자전거로 승격하고 나니 넷이 모두 자전거를 타는 것이 더 재밌어졌다. 처음에 탄천을 지나 잠실선착장까지 자전거로 갈 때는 사랑이를 번갈아 뒤에 태우고 다녔다. 어느 순간 사랑이가 두 발도 잘 타는 것 같아 이제는 넷이서 각자의 자전거로 가기로 했다.

희망이는 자전거를 잘 타니 여러 가지 곡예를 한다. 한 손을 놓고, 다음에는 두 손을 놓고, 혼자서 멀리 가버린다. 나중에 희망이는 친구들과 자전거 여행을 많이 했다. 한강을 건너 강북으로도 가고 공부하다가

머리가 아프면 잠실까지 갔다 온다. 사랑이는 자전거에 대한 애착이 오빠보다 더 하다. 도서관에 책을 빌리러 갈 때 이미 초등학교 저학년부터 자전거를 이용하기 시작했다. 1년에 한 번은 친구들과 자전거 여행을 한다. 잠실에 가서 라면도 먹고 부메랑도 날리고 유람선도 타고 자전거로 분당도 간다.

여름의 양재천은 햇볕이 뜨겁다. 그늘이 없어 더하다. 한강 물줄기 소리가 들리고 나서야 가족 넷이 모인다.시원하다. 이 소리를 들으려고 여기에 오는 것이다. 이 시원한 바람을 맞으려 여기에 온다. 김밥과 라면은 빠지지 않는 코스다. 연도 날리고, 게임도 하다보면 어느새 집에 돌아갈 시간이다. 돌아오는 길은 몸은 피곤해도 올 때보다 잘 뭉쳐서 간다.

사실 이 길은 별로 멀지도 않다. 혼자서 가면 오히려 운동 삼아 더 멀리 갔다 올 수도 있을 것이다. 혼자 멀리 가는 것보다 같이 이만큼 가는 것은 어떤 의미가 있을까? 아마도 혼자 더 멀리 가는 것은 추억이라고는 할 수 없을 것 같다. 같이 가는 길은 오래 기억될 것이다. 함께라서 좋다.

마라톤

양재천에서 시민 단축 마라톤이 열렸다. 식사도 주고, 잘 하면 경품도 탄다고 하니 사랑이와 나는 죽이 맞아 출전하게 되었다. 아무리 좋은 경품과 식사가 있어도 혼자라면 못 갔을 것이다. 양재천 중간에서 탄천으로 갈라지는 곳을 돌아서 양재 시민의 숲으로 가는 코스다. 우리가 이미 수 없이 산책하고 가보았던 길이니 새롭지는 않다. 나도 사랑이도 경품에 눈독을 들이고 있었다.

"공주야, 해보자."

"당근, 좋은 것으로 타자."

우린 이렇게 죽이 잘 맞는다. 마라톤은 힘이 들지만 밥은 맛있다. 사실 별 볼일 없는 식사지만 분위기상 좋은 것이다.

드디어 경품추첨 시간이다. 사랑이도 나도 긴장이 된다. 1등에 당첨은 안됐지만 사랑이 덕분에 기본 상품보다는 더 좋은 것에 당첨됐다. 가끔 사랑이와 마라톤에 대해 얘기하곤 한다. 아마 사랑이와 함께가 아니라면 별 재미 없는 일이었을 것이다.

요즘도 간혹 아이들과 양재천을 걷는다. "아빠, 양재천 나갈까?"라고 말하는 것은 "아빠, 할 이야기 있어."라는 뜻이다. 지금은 놀이의 공간이 아니라 대화의 공간이다.

놀기 위해 태어난 것처럼

나는 '놀이'에 대한 개념을 일반적인 생각보다 조금 폭 넓게 정의합니다. 치료의 개념으로 하는 자연친화적 놀이나 모래놀이, 또래와의 놀이의 중요성을 강조하는 분도 많습니다. 그러나 나는 '즐거움'이라는 개념이 들어간다면 전부 놀이라고 생각합니다. 놀이에 가장 중요한 정서적 반응은 '기쁨'이기 때문입니다. 즐거움을 가질 수 있다면 무엇이든 놀이라 할 수 있습니다. 아이들에게는 무엇이든 즐거움을 줄 수 있는 다양한 놀이가 필요하다고 생각해서 범위를 확장하였습니다.

실제로 우리 부부가 유소년기의 자녀와 가장 많은 시간을 쏟아부은 것은 '놀이'입니다. 또 상담을 하면서 내담자에게 가장 많이 하는 말 역시 '즐겁게 놀자'입니다. 가끔 초등학교 저학년 이하의 아이들을 상담을 하게 되면 상담 시간의 일부를 아이들과 즐겁게 놀면서 보내는 경우도 있습니다. 놀이는 유소년 아이들의 정서적 안정에 도움이 되며 대화를 이끌어내는 좋은 방법입니다.

놀이를 통한 즐거움의 경험은 왜 중요할까요? 카트린느 돌토Catherine Dolto는 '노인은 다 늙은 아이'라고 표현했습니다. '노인은 아이의 그림자다'라는 말도 있습니다. 이는 유아기의 기억에 자리잡은 기쁨, 안정감, 신뢰 등이 실제로 평생을 가기 때문에 노인이 되어서도 어린 시절의 기억이 고령의 삶에까지 영향을 끼친다는 것입니다.

유소년기에는 놀이를 통한 기쁨의 정서를 느끼는 것이 행복을 연습하는 것입니다. 유아기의 뇌를 '체득의 뇌'라 하여 유아기에 행복했던 기억이 인생을 좌우한다는 견해도 많습니다. 마찬가지로 유소년기의 행복한 경험은 인생의 행복을 좌우할 수 있습니다. 실제로 청소년 이상의 내담자에게 행복했던 추억을 이야기 해보라고 하면 말을 못하는 경우가 많습니다. 유소년과 청소년 자녀들에게 행복했던 추억은 인생을 살아가는 데 많은 힘을 줍니다. 그 행복한 기억에서 놀이는 중요한 요소입니다.

아이는 주변 환경으로부터 끊임없이 자극을 받으면서 성장을 합니다. 이 성장에는 인지적, 정서적 그리고 사회적 발달이 모두 포함됩니다. 그런데 우리는 지난 수십 년간 급속한 사회적, 경제적 발달로 물질적 풍요와 문명적 편리함을 가지게 되었지만 아이들이 자유롭게 '놀이'를 통해 얻을 수 있는 많은 것을 잃었습니다. 그래서 많은 물질적 혜택을 입었음에도 오히려 몸과 마음은 조화롭지 못하게 되었습니다.

융C. G. Jung은 놀이와 호기심이 '기쁨과 흥미'라는 내적 정서를 활성화 한다고 했으며, 심리학자 스튜어트Stewart 형제는 놀이와 상상 그리고 정서를 탐구하면서 놀이는 기쁨이란 감정의 반응이며, 놀이가 자신의 삶에서 정서적으로 충만했던 경험들을 다시 포착할 수 있게 도와준다고 했습니다. 결국 놀이를 통해 기쁨을 느끼고 정서적 발달을 한다는 것입니다.

놀이가 이렇게 자녀의 정서적 발달에 중요한데, 우리 자녀의 현실은 어떤까요? 영국 아동단체 '어린이 사회'가 발표한 '2015 행복한 성장기 보고서'에 따르면 15개 조사 대상국 중에 우리나라의 어린이가 가장 불행한 것으로 조사됐습니다. 이런 발표가 매년 있어서인지 우리는 이런 결과에 둔감해진 것 같습니다. 그러나 다른 어떤 심리적 통계보다 어린이가 불행하다고 느낀다는 것은 매우 중요한 의미가 있습니다.

또 얼마 전 신문기사에서 우리나라와 미국의 6학년 아이의 하루를 비교하였습니다. 짐작하는 대로 우리나라의 아이의 하루는 온통 학교와 학습으로 채워져 있고, 미국의 아이는 우리와는 달랐습니다. 굳이 기사가 아니더라도 나를 찾아오는 초등학교 저학년 아이들의 하루만 봐도 숨이 막힙니다. 아침부터 시작된 일과는 저녁 10시가 되어야 끝납니다. 가끔은 숙제 때문에 12시를 넘기기도 하는 것을 보면, 과연 이 아이가 커서 어떻게 될까라는 생각에 한숨이 나옵니다. 이미 선진국에서는 어린이의 '놀이'를 정책적으로 뒷받침하고 있습니다.

자녀에게는 이렇게 '놀이'가 중요한데 우리는 왜 그렇게 하지 못할까요? 지나친 공부 때문에 놀이가 부족한 아이들과 또래와 어울리지 못해 따돌림을 받는 아이도 만나 보았습니다. 아이가 더 자라서 청소년이 되면 '놀이'는 친구관계를 형성하는 데 중요한 역할을 합니다. 유소년기는 또래 놀이를 통해서 사회적 관계와 규율을 자연스럽게 소화하게 되는데, 청소년기에도 마찬가지입니다. 그들의 놀이는 '시간 낭비'가 아니라 또래끼리 규칙을 정하고 서로 배려하고 양보하고 토론하는 여러 가지의 사회적 규칙을 알아가는 과정입니다.

지금 우리 자녀들의 인지적 발달면은 부족하지 않습니다. 신체적 조건도 우수합니다. 더 좋은 음식도 어쩌면 과용입니다. 그러나 '놀이'를 통한 기쁨은 부족합니다. 더 자유롭게 놀 수 있는 환경이 필요합니다. 그러기 위해서는 놀이를 대하는 우리의 마음과 태도가 바뀌어야 합니다.

놀이에 대한 인식이 변해야 합니다

부모들과 대화를 해보면 '놀이'에 대해 부정적인 가치관을 가지고 있는 경우가 많습니다. '놀면 공부 못한다'라는 생각도 있고 '노는 것은 부지런의 반대'라는 인식도 강합니다. 지금 70대 이상의 어르신들은 전쟁을 겪고 당장의 의식주 해결이 가장 큰 과제였던 시대를 살았습니다. 그들의 당면과제는 당장 먹고 자는 것이었고, 이것은 사회 전반의 사람들이 가지고 있었던 공통된 주제이자 가치관이었습니다. 그러니 열심히 일하고 열심히 절약해야만 했습니다. 이 세대들에게 교육을 받은 지금의 40, 50대는 열심히 일하는 것이 가장 중요한 미덕이라는 가치관을 가지고 있습니다. 그러면서도 유소년기에는 자신의 부모보다 조금은 넉넉했고 조금은 자유롭게 놀 수 있는 환경에서 자랐습니다.

그러나 지금의 10대 그리고 20대의 청소년들은 부모세대에 비해 많은 기술적, 문화적, 경제적 혜택을 누리고 있지만 '놀이'를 통해서 얻을 수 있는 많은 장점을 얻지 못하고 있습니다. 부모는 본인이 어린 시절 골목길에서 친구들과 놀던 시간이 쓸데없었다고 생각하겠지만, 그 경험으로 사람 사이의 관계와 규칙 그리고 정서의 안정 등을 배우고 얻었습니다.

최근에 10대, 20대의 내담자들을 만나 보면 이들에게 놀이는 비타민과 같다는 생각을 합니다. 30년 전에는 하루에 몇 시간씩 햇볕을 쬐라는 말을 들은 적이 없지만, 최근에는 대부분의 사람들이 비타민 D가 부족해 햇빛을 통해 보충하라는 말을 많이 듣습니다. 바쁜 일상에서 따로 시간을 내야 햇볕을 쬘 수 있는 시대입니다.

놀이를 학습이나 훈련으로 변질시키지 마세요

한 청소년 내담자는 아빠와 자전거를 배운 추억을 이야기 하면서 아빠를 불신하게 되었다고 말합니다. 아빠는 아이에게 자전거를 가르치는 것을 극기훈련쯤으로 생각한 것 같습니다. 아이에게 겁을 주고 제대로 하지 못한다고 혼을 내고 결국 아이를 넘어지게 했습니다. 아이는 넘어져서 아픈 것보다 아빠에게 배신당했다는(아이의 말) 기억을 가지게 되었습니다. 만약 자전거를 처음 타는 아이에게 충분한 안정을 주고 아빠를 믿게 했다면 아빠와 자전거에 대한 추억은 언제나 꺼내볼 수 있는 큰 힘이 되었을 것입니다.

이런 예는 비일비재합니다. 가족이 함께 놀러 가면 뭔가를 배워야 하고, 혹은 의미 있는 것(산을 정복, 문화를 배운다)을 추구하는 부모들도 많습니다. 자녀들은 소소한 즐거움을 가지고 싶어하는데, 산을 오르면서 극기하는 법을 가르치려고 하거나 학습에 도움이 되는 곳을 꼭 가야 한다고 고집을 부립니다. 그리고는 여행의 목적을 다 한 것이라고 생각합니다.

놀이를 통해 배우고 유의미한 소득을 얻어야 한다는 강박을 버리고, 아이가 즐겁다면 그걸로 충분하다고 생각한다면 아이들은 많은 것을 얻어갈 수 있습니다. 극단적으로 말해서 놀이도 즐겁지 않으면 학습이고, 공부도 즐거우면 놀이가 될 수 있습니다.

진정한 놀이를 찾아서

놀이란 즐거움이며 기쁨입니다. 이것이 가장 큰 전제입니다. 아무리 좋은 놀이를 해도, 아무리 좋은 곳에 가도, 아무리 많은 돈을 들여도 자녀가 기쁘지 않다면 가장 중요한 것을 놓치고 있는 것입니다. 그런데 자녀를 즐겁게 하는 놀이가 대단히 어렵거나 복잡하지 않다는 것입니다. 부모들이 자녀와 어떻게 놀아주어야 할지 몰라서 고민하거나 당황하는 경우는 생각보다 많습니다. 그래서 상담할 때 내가 아이들과 노는 모습을 옆에서 지켜보게 하는 경우도 있습니다. 스케치북에 그림을 그리거나 종이를 뭉쳐서 던지는 놀이만으로도 아이가 너무 즐거워하는 것을 보고 놀라는 부모도 있습니다. 아이가 즐거워하며 얼굴까지 빨개져서 수다스럽게 이런저런 이야기를 하는 모습을 보고 놀라는 부모도 있었습니다. 아이의 이런 모습을 처음 본다면서 말입니다.

아이와 함께 놀아줄 때는 내가 즐거워야 아이도 즐겁게 놉니다. 그리고 아이가 원하는 놀이를 해야 합니다.

놀이는 즉흥적이어도 괜찮다

내가 아이들과 했던 놀이의 대부분은 계획을 세우거나 미리 준비했던 것이 아닙니다. 그저 아이들이 심심하다거나 날씨가 너무 좋으면 그냥 나갑니다. 어린 자녀와의 놀이는 매번 계획을 세우고 준비해서 하기는 힘듭니다. 아이들은 '즉흥적'이라는 것만으로도 즐거워합니다. 모든 부모들은 각자의 사정이 있으니 매번의 놀이는 불가능하지만, 아이들이 생각하지도 못한 시간에, 또는 아이들이 원할 때 같이 즐겁게 놀아준다면 아이들에게는 큰 선물이 될 것입니다.

작은 기쁨부터 시작한다

내담자 가족이 하와이로 여행을 간다고 하면 저는 가슴부터 철렁 내려앉습니다. 지금까지 내담 가족 중 네 가족이 하와이를 갔는데, 어느 가족도 결과가 좋지 못했습니다.

아빠들은 자녀에게 대단한 것을 해주어야 자녀가 만족하고 자신을 좋아하고 혹은 존경할 것이라는 착각을 하는 것 같습니다. 그것은 자기만족일 뿐입니다. 가까운 공원을 산책하고 배드민턴을 같이 해도 얼마든지 자녀를 흥분시키고 즐겁게 만들 수 있어야 진정한 '놀이'입니다. 큰 놀이를 해야 큰 기쁨이 생긴다는 착각에서 벗어나야 합니다. 기쁨도 훈련을 통해 작은 것에서도 큰 기쁨을 얻을 수 있습니다. 하와이를 가려는 부모들은 이전에 아이들과 소소한 놀이를 통해서 즐거웠던 경험이 없는 경우가 대부분이었습니다. 이런 경우에는 장기간의 여행이나 큰 비용을 들이는 활동보다는 소소하고 작은 것부터 하는 것이 좋습니다. 동네 산책, 자전거 같은 가벼운 운동, 주변 맛집 탐방 등 일상에서 '가족이 함께 하니 즐겁구나' 하는 느낌을 갖게 하는 것이 좋습니다.

반복해도 즐겁다

매번 즐겁고 재미있는 놀이를 찾고 만들어내는 것은 불가능합니다. 그러니 재미있던 것을 반복하는 것은 좋은 차선책입니다. 저는 여름에는 물총싸움으로 즐거웠습니다. 여름 내내 하지는 못합니다. 장마 때문에도 못하고, 휴가철에 다른 아이들이 없어도 못합니다. 특히 아이들이 많이 모여야 재미있기 때문에 타이밍을 잘 잡아야 합니다. 우리 아이들은 여름 내내 물총싸움으로 즐겁게 보냈습니다. 매번 소풍 전에 생각만으로도 즐거워하는 초등학생처럼 설레여 합니다. 아이들은 물총싸움을 하기 며칠 전부터 즐거워하고, 하는 동안은 정신없으며, 끝나고 나면 길게 여운이 남습니다. 이런 반복 효과는 자녀를 오랜 시간 즐겁게 하는 아주 좋은 방법입니다. 유소년 자녀가 있다면 최소한 이런 놀이 하나쯤은 가지고 있어야 합니다.

방해만 하지 않으면 된다

내가 두 아이를 키우면서 깨달은 것은 청소년기의 놀이는 단지 즐거움 이상의 전략적인 측면이 있다는 것입니다. 청소년기의 놀이는 '인간관계의 연습'과 '자기주도적 삶의 연습'이라는 측면에서 중요합니다.

인간은 '관계의 동물'입니다. 청소년 자녀가 지금은 입시 때문에 인간관계를 등한시할 수 있지만 시간이 조금만 지나면 많은 사람과 다양한 관계를 가지게 됩니다. 대학은 타인이 짜놓은 계획 하에 움직이지 않습니다. 자신이 계획하고 부딪히는 하루하루를 보낼 가능성이 많습니다. 이런 것을 누가 가르치고 알려줄 수는 없습니다. 이 연습을 할 시간은 청소년기이며, 연습에 가장 좋은 것은 학습과 친구와의 놀이입니다. 친구들과의 관계를 통해 다양한 가족의 이야기를 들으며 다양한 가치관에 노출되며, 다양한 놀이를 통해 남에 대한 배려와 다른 사람에 대한 이해도 생기고 자신들만의 규칙의 필요성도 알게 됩니다. 혼자서 하는 것보다 어렵지만, 또 거기서 생기는 즐거움도 알게 됩니다. 이런 체험을 통해 얻는 지혜는 '윤리'나 '철학' 같은 교과서에서 얻는 것보다 이후의 아이들이 삶에 더 많은 영향을 미치게 됩니다.

부모는 놀이의 계획도 자녀 스스로 고민하고 친구들과 소통할 수 있도록 기회만 주면 됩니다. 아이들은 스스로 계획하면서 배우는 것이 많습니다. 다만 노는 것에 대한 죄책감 없이 놀 수 있게 해주면 됩니다. 놀 수 있는 기회를 주고 죄책감 없게 하는 것은 자녀에 대한 배려이자 존중입니다.

청소년 자녀에게는 적절한 배려와 존중이 필요합니다. 희망이가 중학교 2학년 초에 올림피아드 준비로 학원에 다니게 되었습니다. 밤 10

시에 학원 앞에서 아이를 기다립니다. 끝나면 희망이는 두 명의 친구와 같이 나옵니다. 무슨 얘기를 하는지 세 명의 아이들이 흥분된 목소리로 이야기를 합니다. 즐겁게 서로 토론을 하는지 학원 앞에서 15~20분 정도 이야기는 계속 됩니다. 나는 멀리서 희망이를 기다려줍니다. 나는 이 기다림이 아이에 대한 배려이고 존중이라고 생각합니다. 그리고 이 시간은 아이들에게 큰 놀이입니다. 지금 이 아이들 세 명은 모두 서울대에서 공부를 하고 있습니다.

관계 불안, 중독, 게임 중독, 불안 장애 등의 증세를 호소한 사람들에게서 비교적 공통적으로 보였던 청소년기의 모습은 '놀이의 부족'이었습니다. 물론 다른 많은 원인과 심리적인 상처 등의 다양한 요인이 있지만 '놀이의 부족'은 중요한 공통점입니다. 그들은 청소년기에 친구 혹은 가족과 즐겁게 기쁘게 놀았던 기억이 적었고, 또 힘들 때 이야기를 나눌 상대도 부족했습니다. 그들은 "재미있던 기억이 나지 않아요.", "그런 친구 없어요."라고 합니다.

대개의 부모들은 "대학에 가서 하면 되잖아."라고 하는데 청소년기에 안 되던 것이 대학에 간다고 잘될 리가 없습니다. 청소년기의 연습과 시행착오는 그래서 더 중요합니다.

Part 3

학습하는 아이

장 발장에서 레미제라블로

내 아이들이 가진 재주는 다 다르지만 크다.
우리가 보지 못해서 문제일 뿐이다.

아이들은 모두 영재다

많은 사람을 상담하면서 갖게 되는 의문은 잘 맞지 않은 옷을 입고 불편해 하는 사람들이 많다는 것이다. 내담자 개인의 면면을 보면 각자의 특성이 있고 재주가 있으며 나름의 장점이 너무 많은 사람들이다. 단점은 누구에게나 있고 아무리 천재라 하더라도 뭐든지 잘 할 수는 없다. 각자가 가진 재주를 키워 사회에 기여하면 되는 것이다.

나는 내담자에게 자신이 잘하고 자신있는 것을 적어보도록 한다. 대부분의 내담자는 자신없어하거나 특별한 것이 없다고 한다. 그럼 나는 이런저런 장점에 대해 이야기하고 가끔은 너무나 잘하고 있으며 앞으로 이런 분야를 해보라고 격려하기도 한다. 이런 대화를 통해 뒤늦게 자신의 진로를 파악하는 사람도 있다.

문제는 왜 지금까지 자신이 가지고 있는 특징과 장점을 무시하거나 혹은 전혀 모르고 살았나 하는 점이다. 그걸 모르기 때문에 남이 권하거나 남들이 가는 방향대로 따라가게 되는 것이다. 그러니 잘하지도 못하고 잘 맞지 않는 옷을 입은 것처럼 불편했던 것이다.

나 역시 많은 단점과 콤플렉스를 가지고 있다. 내가 가진 재주는 아무나 가지고 있는 하찮은 것쯤으로 여기곤 했다. 나는 누구와도 쉽게 친해지고 이야기를 잘 이끌어간다. 또 큰 것은 못하지만 작은 도전은 끊임없이 잘 한다. 그런데 우리집에서조차 이런 재주가 별로 없는 사람이 두 명이다. 남편과 희망이는 내가 가진 재주를 가지고 있지 않다. 나의 재주는 상담을 하는 데 정말 필요하다. 처음 온 내담자의 이야기를 집중해서 듣고 그의 말에 공감하고, 어색할 수 있는 내담자가 편하게 이야기할 수 있도록 하는 능력이다.

우리나라 영재교육법상 영재의 범위는 대략 5% 정도이다. 약간의 차이는 있지만 어느 논문에서나 비슷하다. 그런데 우리는 수학, 과학 혹은 예술 같은 것에만 '영재'라는 말을 붙인다. 친구와 잘 사귀고, 남을 잘 배려하고, 남의 말을 경청하고, 서로 화합하거나, 조직의 일을 꼼꼼히 뒷받침하거나, 남에게 조언을 잘하거나, 회계를 잘하거나, 감정이 풍부한 것과 같은 무수한 특기에는 '영재'라는 말을 쓰지 않는다. 특별하다고 생각하지 않는 것이다. 특별하다고 생각하지 않으니 개발하거나 하다못해 칭찬도 하지 않는다. 다시 말하지만 나에게는 별 볼 일 없던 재주가 나를 사회에서 지탱해주는 자원이 되었다.

아들 친구 이야기이다. 희망이와 같은 학교 친구인데, 공부는 못했다. 나는 그 아이가 참 좋게 보여 친구가 되어도 좋다고 생각했다. 희망이가 영재학교에 입학할 무렵 아들에게서 그 친구가 조리 공부를 전문적으로 하기로 했다는 말을 들었다. 솔직히 친구보다는 그의 부모 생각이 더 많이 들었다. 의사가 되길 원한다는 말을 들었기 때문이다. '결정하기 쉽지 않았을 것 같은데.' 용기가 대단하다.

세월이 지나 희망이가 고등학교 3학년이 되었다. 저녁에 그 친구에게서 전화가 왔다. 집 근처에 와 있다고 만나고 싶다고 하는 것 같다. 아이가 밤늦어서야 돌아왔다.

"많이 늦었네. 재미있었니? 뭐 했니?"

"어, 커피 마시고 이야기 하느라고."

"잘 하고 있대?"

"어, 정말 잘 하고 있는 것 같아."

희망이가 나중에 말해서 안 일이지만 희망이는 그 친구를 만나고 와서 많이 반성을 했다고 한다. 친구와 이야기를 하다 보니 자신이 나태하고 목표 없이 살고 있다는 걸 알게 되었다는 것이다. 희망이가 "이제는 그놈이 존경스러워."라고 한다. 나도 존경스럽다. 그 아이의 부모가.

그 친구는 자신이 원하는 길을 묵묵히 그리고 열심히 가고 있었다. 오히려 희망이보다 더 열심히 공부하고 조리 연습을 했다. 그것이 희망이에게 자극이 된 것이다.

우리나라에 2만 개의 직업이 있다고 하는데, 우리는 의사, 검사, 공무원, 연예인 등 사회적으로 잘 나가는 것 말고는 잘 모른다. 아이들은 여러 가지 재능이 있는데, 공부는 수학, 과학, 영어 그리고 내신만 한다. 양육에 있어서 교육은 자녀가 가지고 있는 능력을 파악하고 그 능력을 키우는 과정이다. 그 과정은 청소년기까지 오랜 시간이 걸린다. 그러기에 먼저 자녀의 장점을 특성을 먼저 파악하고 아이가 그 장점과 특성을 키울 수 있도록 도움을 주어야 하는 것이다. 있지도 않은 재능을 갈구하거나, 가지고 있는 장점을 하찮게 여겨서는 안 된다. 그 재주가 무엇이든 아이에게는 소중한 것이다.

눈높이 교육

너무 흔하게 듣고, 광고도 많이 하는 말, 하다못해 학습지 이름도 '눈높이'다. 눈높이는 아이의 눈에 부모의 교육을 맞추는 것을 말한다. 이것은 아이의 능력을 배양하는 방법론이다. 아이가 발달해 나갈 수 있는 범위를 적절히 정하는 것이다. 매번 강조하듯이 유소년기에는 부모가 같이 해주어야 하고 아이에게 맞춰주어야 한다. 자녀를 끌고가는 교육은 처음에는 성과가 있지만 금방 지치거나 싫증을 낼 수도 있다. 그렇다고 너무 느리게 가는 것은 아이의 인지에 자극이 될 수 없다. 그러니 시행착오를 겪으면서 적절히 조절해야 한다.

자녀교육은 두 바퀴의 수레와 비슷하다. 한쪽은 아이이고 다른쪽은 부모다. 아이가 갈 수 있는 능력보다 더 빨리 달리려 하면 수레는 빙빙 돌기만 할 것이다. 물론 자녀가 갈 수 있는 속도보다 느려도 수레는 잘 갈 수 없다. 수레의 속도는 아이의 속력과 일치해야 한다. 또 수레의 방향을 정하는 것도 자녀다. 부모는 방향과 속도를 정하는 것이 아니다. 부모는 앞으로 어떤 풍경이 있고 어떤 굴곡이 있는지 알려 주는 역할을 해야 한다. 여기서 속력과 방향은 아이의 능력과 아이가 하고 싶은 일이다. 부모가 자기 속도에 맞추어 아이를 끌고 가면 처음에는 남보다 앞서 가는 것처럼 보이지만 아이는 스스로 해본 경험이 없어 문제가 발생하기 마련이다. 더 중요한 것은 자신의 바퀴의 능력을 키우질 못한다는 것이다. 또 반대로 아이가 스스로 속력을 낼 수 있도록 전혀 도움을 주지 않는 무관심한 양육은 아이의 능력을 저하시키게 된다.

그러나 청소년기에 이르면 달라진다. 이제는 부모의 바퀴가 가끔은 아이에게 방해가 된다. 이때는 아이 혼자서 가는 연습을 시켜야 한다. 이 시기의 교육은 자전거 타기와 비슷하다. 처음에는 뒤에서 부모가 잡아주어야 하지만, 차츰 아이를 믿고 손을 놓아야 한다. 그래야 혼자서도 잘 탈 수 있다. 넘어질까봐 걱정이 되어 손을 놓지 않으면 아이는 앞으로도 혼자 탈 수가 없다. 그리고 행복하지 못할 것이다. 또한 반대로 하는 경우가 많은데, 유소년기에는 방관하다가 청소년기에 강압적인 참견을 하는 경우이다.

모든 아이들은 영재다

모든 자녀에게는 각자의 특징과 차별점이 있다. 이런 특성은 '자아'로 연결되고 청소년기를 거치면서 '자존감'으로 발전한다. 자존감은 인생을 살아가는 힘이며 '행복'의 원천이 된다. 반대로 충족되지 못한 자존감은 여러 부분에서 심리적, 정신적 문제를 야기한다.

자녀의 자존감에 있어 가장 중요한 시기는 유소년기이며, 이 시기에 가장 중요한 역할을 하는 사람은 부모이다. 부모의 눈은 좀 더 개방적이어야 하며 좀 더 세밀해야 한다. 획일적으로 바라보면 아이의 영재성은 발견되지 못한다. 또한 단점만을 보게 되면 자녀가 가지고 있는 영재성을 죽이게 된다.

우리는 자녀의 학습과 진로에 너무나 많은 관심을 가지고 있고, 양육에서 차지하는 비중도 크다. 그렇다면 학습과 진로의 시작은 무엇일까? 자녀가 스스로의 장점을 알고 좋아하는 것을 깨닫고 진로를 정하면 가장 좋을 것이다. 그런데 그게 안된다면 부모가 자녀의 장점과 특성을 파악하는 것이 가장 현실적인 대안이다. 또 파악된 장점을 더 발전시키기 위해 적당한 자극을 주면 더 좋다. 이것은 자녀의 인지발달을 위해 부모가 할 수 있는 최선이다.

희망이가 영재학교에 입학한 후부터 주변의 지인들에게 가끔 이런 질문을 받았다. "작은 아이도 과학고 보낼 거죠?", "작은 아이는 이과로 정했죠?" 그런데 아이의 특성은 고려하지 않은 채 사랑이를 영재고에 보내려고 한다면 사랑이의 영재성은 죽을 수도 있다.

내담자 중에는 자신의 재능을 뒤로 하고 부모가 원하는 삶을 살면서 힘들어 하는 경우가 많다. 자녀의 영재성을 부모가 죽이고 있는 것이다. 만약 부모가 자녀의 눈높이에 맞추어 적절하게 코치를 해주었다면 지금보다 더 훌륭한 모습의 성인이 되지 않았을까? 자녀의 재능을 발견해주고 발전시키지 못할 거라면 자녀 스스로가 깨달을 때까지 지켜보는 것도 부모의 차선책이다.

레미제라블

고등학교 3학년 때 사랑이가 친구들과 '맥베스'라는 영화를 보고 왔다. 너무 늦어서 아이가 오는 버스 정류장으로 마중을 나갔다. 전에 '레미제라블'을 너무 즐겁게 보았기 때문에 이 영화도 그랬을 거라고 생각했다.

"영화 좋았지?"

"아니, 지루해서 혼났어."

"어, 왜?"

"거의 원문과 같아서, 난 다 외우고 있는데, 좀 지루했어. 다음 대사를 알고 있으니까 재미없더라구."

"대사를 거의 외우고 있어?"

"어, 너무 똑같이 했어, 좀 각색하고 바꾸길 바랐는데."

점점 사랑이의 문화적 수준을 맞추기가 힘들어진다. 내가 너무 몰라서 대화가 안 된다는 느낌도 들고, 비평도 나름대로의 기준이 있어서인지 가끔은 버겁기도 하다. 언제 이렇게 사랑이의 실력이 늘었는지 모르지만 시작은 아마 '장 발장'이었을 것이다.

교보문고와 문학소녀

인천에서는 부평도서관이 아이에게 놀이터가 되었고, 이사 와서는 대치도서관과 개포도서관을 내집처럼 이용했다. 아이는 이제 자신이 원하는 책을 사기 시작한다.

"그곳에 가면 특유의 향이 있어. 냄새라고 해도 좋은데 난 그 냄새가 좋아. 뭔가 기분을 좋게 하고 흥분돼."

작은 아이가 교보문고를 두고 한 말이다.

교보문고를 사랑이가 좋아하기 시작하면서 작가의 꿈이 시작된 것 같다. 사랑이는 하고 싶고, 되고 싶은 것이 너무 많아 반드시 작가가 꿈은 아닐 것이다. 더구나 청소년들에게 '문학소녀'는 흔한 한때의 꿈일 수 있다. 그래도 관계 없다. 아이가 생각하고 하고 싶다면 노력을 하면 되는 것이다. 지금도 여러 소설과 자신 주변의 일들을 글로 쓰고 있다.

두 아이는 성인이 된 지금도 시간이 나면 교보문고에 간다. 전문서적을 사기도 하고 쇼핑하듯 신간을 읽기도 한다. 우리 부부에게 이런 아이들은 자랑거리다. 좋은 습관을 아이들에게 주었기 때문이다. 책방을 싫어하지 않아야 책을 좋아한다. 책은 아이들에게 지식만을 주는 것이 아니다. 힘들 때 위로를 주고, 메마른 감정에 정서적 물줄기도 된다. 풍부한 감성과 타인에 대한 이해에도 도움이 된다. 단순한 지식의 확장보다 아이들에게 더 필요한 것들이다.

초등학교 저학년이 지날 무렵부터 사랑이의 독서양이 갑자기 폭발했다. 늦게 시작해서 더 빨리 달리듯 이제는 도서관에서 빌리는 책의 70%가 사랑이의 책이다. 희망이와는 달리 적극적으로 책을 고르고, 필요하면 혼자서 도서관에 간다. 일요일이 되면 혼자 자전거를 타고 여러 도서관에 가서 원하는 책을 구해 온다. 책을 빌리고 읽고 스스로 독후감을 쓰고, 이 모든 것에 사랑이는 행복을 느꼈다. 4학년 때부터는 무섭게 책을 탐독했다. 읽으면 말이 많아진다.

"나, 발표할 것이 있어. 다들 들어봐. 아빠 여기 앉고, 조용히 해봐."

사랑이가 가족들을 불러 앉혀 놓고 읽은 책에 관하여 발표를 한다. 가끔은 발표 내용이 스스로에게 못마땅하였는지 심통을 부리고는 다시 글을 쓰기 시작한다.

"다시 발표할 거야."

많은 책들이 있지만 나에게 《장 발장》은 특별하다. 워낙 유명한 책이라 아무 생각 없이 아이들에게 읽어 주었는데, 아이들이 생각보다 좋아하지도 않고, 특히 사랑이는 무슨 내용인지도 모르는 것이다. 다시 도서관에서 가장 쉬운 책을 골랐다. 그림책 다음으로 얇고 내용도 가장 부드러운 것으로 골랐다. 그 이후로 《장 발장》은 1년간 틈틈이 읽었다. 두께가 좀 더 있는 다른 출판사 책으로 변화를 주어가면서 읽어주었다. 결국 사랑이는 《레미제라블》을 스스로 읽게 되었다. 세 권으로 되어 있고 대충 보아도 1000쪽이 넘는 분량이다. 사랑이는 쉴 사이 없이 책에 관한 느낌을 쏟아낸다. 결국 집에 세 권의 레미제라블을 사게 되었다.

1만 시간의 법칙이 있다. 무슨 일이든 많은 시간을 집중하면 전문가가 된다는 것이다. 상담을 통해서 자녀가 책을 전혀 좋아하지 않는다고 호소하는 부모들을 많이 만난다. 위로도 하고 여러 가지 방법도 제시해 주지만 솔직한 마음은 부모의 정성이 부족했다고 생각한다. 물론 여러 가지 이유는 있겠지만 자녀의 독서가 발전하는 것은 부모의 영향이 크다. 만약 사랑이가 《장 발장》에서 더 이상 책을 읽는 것을 포기했다면 《레미제라블》은 없었을 것이다.

처음에는 독서하는 자녀가 더뎌 보일 것이다. 사실은 학습도 마찬가지이다. 마치 비행기가 이륙하는 것과 같다. 활주로를 떠나기 전까지는 설마 이 비행기가 그 높은 창공을 날아갈 수 있을까라는 의문이 들지 모른다. 그러나 곧 무거운 비행기는 구름 위로 날아간다. 아이들도 마찬가지다. 제발 아이가 이륙할 때까지 천천히 기다려줘라. 방해만 하지 않는다면 우리의 자녀는 곧 날게 될 것이다.

이 책은 우리 집을 장식할 가치가 있다

항상 집에 책이 장난감처럼 굴러 다녔지만 아이에게 책을 사주는 경우는 별로 없었다. 아이들이 중학교에 입학하고는 일 년에 4번 이상, 시험이 끝나거나 방학 때 자신이 모은 용돈으로 책을 서너 권씩 사들고 온다. 그러면 거의 일주일은 아무 잔소리를 하지 않는다. 이것은 서로간의 약속인 셈이다. 지금 책장에는 그동안 사준 책이 많이 있다. 집에 있는 책들은 도서관에서 빌려서 봤던 것들이다. 보고 또 보고, 그러고도 좋아하고 필요하다고 하면 그때서야 책을 사준다. 추리소설도 있고, 삼국지 비슷한 소설도 많다. 《위험한 대결》같은 판타지 소설도 있다. 가끔은 영어로 된 원서도 있다. 해리포터 시리즈와 세계명작소설이나 한국소설도 줄줄이 있다. 이런 책들은 우리 집에 전시될 자격이 있는 책이다. 사랑이는 결국 중학교에 가서 《장 발장》으로 독후감 상을 받았다.

희망이는 종이 접기, 블록 만들기와 과학상자 등을 완결(?)한 적이 있다. 마찬가지로 사랑이는 스스로 독서를 끝냈다는 자부심이 있다. 이런 자부심은 유소년기 자녀에게 꼭 주어야 할 경험이며 매우 중요한 정서다. 이런 정서는 다른 일에도 끊임없이 도전할 수 있는 자신감의 원천이 된다.

사랑이는 중학교 이후에 외부에서 개최하는 백일장과 단편소설에 계속 도전했다. 물론 원하는 결과를 매번 얻은 것은 아니다. 그래도 좌절하거나 포기하지 않았다. 다시 기쁘게 새로운 소설을 구상하고 책을 읽고 또 글을 쓴다. 단편소설에서 시작해 이제는 사회 비판적인 글과 철학책도 스스로 읽는다. 《레미제라블》은 그냥 소설이 아니다. 사랑이의 자부심이다.

신도루의 비밀

사랑이는 5학년이 되자 갑자기 판타지 소설에 빠졌다. 어쩌면 누구나 한 번은 겪는 일이다. 희망이도 추리소설에 빠져 지낸 경험이 있다. 집이 온통 루팡과 셜록 홈즈의 이야기로 도배가 된 적이 있었다. 처음에는 희망이 때처럼 어느 정도 방관을 했지만 우리 부부가 보기에 판타지 소설은 추리소설보다 안 좋다는 편견이 있었다.

당시에는 뱀파이어의 이야기를 다룬 청춘판타지 소설 '뉴문' 시리즈가 유행이었다. 영화도 개봉되어 아마 중·고등학생들이 많이들 좋아했을 것이다. 물론 그전에 '위험한 대결', '해리 포터' 등 많은 판타지 소설을 거치기는 했지만, 갑자기 너무 푹 빠지니 약간은 걱정이 되었다. 특히 '뉴문' 시리즈는 사랑에 관한 묘사나 장면이 다른 판타지 소설보다 많다. 가만히 생각해 보니 그 나이의 아이들에게는 자연스러운 현상이다. 우리 때보다는 좀 빠른 느낌이 있지만 인정해야 한다. 시험이 끝나면 친구들과 극장에 몰려가 '뉴문' 시리즈를 보고 수다를 떠는 모습을 상상하면 '우리 아이는 건강하구나'라고 생각했다.

희망이는 추리소설에 빠져 있을 때도 분석을 하곤 했다. 또 삼국지, 초한지 등에도 빠져 있어서 우리에게 아는 척을 해댔지만, 사랑이는 우리가 판타지를 좋아하지 않는다고 느껴서인지 별로 말이 없었다.

사랑이는 6학년이 되자 차츰 컴퓨터 앞에 혼자 있는 시간이 많아졌다. 당시 우리집에는 안방과 거실에 하나씩 두 대의 컴퓨터가 있는데, 사랑이가 안방 컴퓨터에 앉아 방문을 잠그는 시간이 차츰 길어진다. 아이가 공부할 때 방문을 자주 닫고 했고, 또 인강으로 공부하는 것이 대부분이었기 때문에 처음에는 신경을 쓰지 않았다. 그런데 공부보다는 다른 일을 하고 있는 기분이 들었다. 일단은 공부를 할 때보다 오래 앉아 있었다. 내신이든 영어든 공부를 하면 40분을 넘기기 힘들어 하는 아이가 요즘은 두 시간씩 나오질 않았다. 책을 읽고 있을 때와 비슷하다. 하나 더, 기분이 평소보다 좋다. 지쳐하지도 않고 밝은 모습으로 방에서 나온다. 이것은 공부를 하고 있는 게 아니다.

며칠 고민을 했으니 이제는 솔직한 대화가 필요한 시점이다.

"우리가 보기에 네가 공부하고 있는 것 같지 않아."

"……."

"뭘 하고 있어도 좋은데 서로에게 속이는 것은 나빠."

"속이긴 누가 속여?"

"그럼 방에서 컴퓨터로 뭘 하는지 말해줘."

"……."

"……."

"글 써."

"무슨 글, 독후감, 아니면 소설?"

"어."

"판타지?"

"어."

"좋아, 인정한다. 네가 글 쓰기 좋아하는 것도 인정하고, 하고 싶어 하는 것도 인정해. 우린 판타지 그렇게 좋아하지 않는다. 그럼 이번 겨울방학 때 시간을 줄 테니 확실하게 써보자. 얼마의 시간이면 돼?"

아이와 타협하는 것은 대화의 한 방법이다. 무조건 안 된다고 해도, 무조건 수용해도 안 되는 경우를 많이 보았다. 원칙도 중요하지만 부모의 원칙을 아이에게 절대적으로 수용하라고 해서는 안 되는 경우가 많다. 아마 절묘하게 중도를 지키는 것이 원칙인지도 모른다.

사랑이와 타협이 되었다. 6학년 2학기 기말시험을 같이 열심히 하고 방학 때 시간을 주고 더 이상의 간섭은 하지 않기로 했다. 시험이 끝나고 아이와의 약속을 지켰다. 이제는 기다리는 것이 최선이다. 관심 없는 척을 해야 아이의 입이 떨어진다. 아이들은 기다리면 온다. 그리고 긴 시간이 지나고 사랑이가 왔다.

첫 소설

'신도루의 비밀'은 판타지소설이다. 주인공 신 도루가 다른 세계에 가서 모험을 하며 친구들과 성장하는 이야기이다. 무려 200페이지에 달하는 소설이다. 아무리 습작이고 형편이 없다고 해도 초등학생이 200페이지의 글을 쓰는 것 자체가 신기했다. 내용은 이미 조금은 알고 있는 부분이 많았다. 여러 소설에서 모티브를 가져다 각색한 것처럼 보였다. 그래도 내색은 하지 않았다. 아이에게 지금 이것보다 소중한 것은 없기 때문이다. 나름대로 라틴어도 찾아본 것 같다. 거기서 주인공 이름을 따오기도 하고 나름대로 구성을 하였다. 사랑이가 읽은 여러 책과 상상으로 스토리를 엮어 만들어낸 듯하다. 겨울 방학 2달 동안 포기하지 않고 끝까지 완성했다는 것에 스스로도 만족했다. 물론 우리 가족 모두 만족했다. 스토리와 등장인물에 대한 이야기는 사랑이에게 듣고 또 들었다. 우리는 너무 재밌어 했다. 우리는 가능하면 책으로 발간해 주려 했다. 아이가 한참을 생각하더니 거절한다.

"그렇게까지는 필요 없어. 쓸 때는 몰랐는데 100% 마음에 들지도 않고, 조금 보완해 나갔으면 해."

아이는 자신의 글을 스스로 평가한다. 부모가 아이를 평가하지 않아도 된다. 아이는 아기가 아니다. 그해 겨울 우리집 화제는 영재학교보다 '신 도루'였다. '신도루의 비밀'은 책으로 발간되지는 못했지만 깨끗하게 제본되어 아이의 방 책장에 꽂혀 있다. 가끔 방에 가서 아이 모르게 제본된 책을 본다. 아마도 이것이 아이의 보물 1호가 될 것이라는 생각이 든다.

꿈의 여정

이후에 사랑이는 인터넷에 독후감을 발표하거나 단편소설을 발표하는 카페와 블로그에 가입한 것 같다. 자신의 글에 대해 여러 사람들의 비판과 칭찬을 듣는다. 사랑이가 커서 무엇을 할지는 정해지지 않았다. 희망이처럼 가는 길이 잘 보이지도 않는다. 그래도 우리는 사랑이의 길이 어쩐지 더 크게 보일 때가 있다. 아무리 능력이 있어도 도전하지 않으면 아무 것도 아니다. 해본 사람은 어떠한 이론보다 훌륭한 경험과 자신감이라는 무기를 가질 수 있다. 사랑이가 대단해 보인다.

그 겨울 이후 사랑이는 중학교에 입학한 후부터 고등학교 3학년까지 책을 읽고 쓰는 것을 멈춘 적이 없다. 상도 받고 성과도 있었지만 항상 만족할 만하지는 않았다. 그러나 사랑이는 눈에 보이는 것 이상으로 발전했다. 단순한 소설에서 사회문제를 논하는 책으로 발전했고, 그리고 철학책을 탐독하고 스스로 생각해 보게 되었다. 이것은 대화를 논리적으로 할 수 있는 힘을 주었다. 또 이것은 사랑이가 친구들 사이에서 리더가 되는 것에 도움이 되었다. '신도루의 비밀'은 사랑이의 꿈의 시작인 것 같다.

유소년 자녀에게 무언가에 몰입할 수 있는 시간을 주는 것은 중요한 양육 스킬이다. 아이가 집중해서 조립을 하고 있는데 식사시간이 되었다면 어떻게 하는 것이 좋을까? 물론 식사시간을 지키는 것도 양육에서 예의와 규칙이라는 측면에서 중요할 수 있다. 그러나 매번 같은 일이 반복된다면 지적할 수 있겠지만, 상황에 따라서 아이가 충분히 몰입하고 작업을 끝낸 후에 식사를 할 수 있게 도와주는 것이 좋다. 일시적인 몰입은 부모의 입장에서 허용할 수 있지만, 오랜 시간, 1달 혹은 1년에 걸쳐 아이가 몰입하는 어떤 것이 생긴다면 과연 어떻게 대처해야 할까?

유소년 혹은 청소년 자녀가 성인이 되기 전에 스스로 뭔가를 이루거나 완벽하지는 않지만 끝내는 경험은 그 무엇과도 바꿀 수 없는 소중한 자산이다. 이런 경험은 자립과 자기주도의 삶에 결정적인 영향을 미친다. 사회적으로 인정되는 여러 가지 스펙을 갖추었지만 스스로 결정하지도, 시작하지도, 일을 끝내지도 못하는 많은 성인을 만나 보았다. 이 사람에게 있었던 공통점 중 하나는 바로 자기주도적인 일을 한 경험이 적다는 것이다.

다시 이야기로 돌아가서, 1년이라는 긴 시간이 필요하더라도 아이가 스스로 도전하려는 것을 방해하지 않는 것이 좋다. 사랑이에게는 이런 경험이 '장 발장'이다. 이 경험 이후 사랑이는 스스로 여러 문예지에 소설을 공모할 수 있었고, 친구들과의 사이에서도 주도적인 역할을 했다. 중학교, 고등학교에서의 여러 활동도 스스로 결정했다. 이런 많은 결정과 과정이 '꿈으로 가는 여정'이라고 생각한다. 매번 좋은 결과가 있거나 의미 있는 성과가 있어야 하는 것은 아니다. 꿈은 사랑이의 삶과 함께 가는 긴 과정이다.

영재학교에 가다

희망이의 영재학교 입학이 저절로 가능했다고는 말할 수 없다. 그렇다고 계획을 세워서 아이를 끌고 간 것도 아니었다.

인천에서 초등학교 3학년 초까지 있으면서 아이를 영재학교나 특목고를 보내겠다는 생각은 한 번도 하지 못했다. 서울로 이사를 와서도 독서도 놀이도 꾸준히 했고, 학교 공부도 셋이 같이 했다. 학교에서 사설 경시대회에 대표로 뽑히면 즐거운 마음으로 시험도 보았다. 초등학교 6학년 초까지는 이렇게 지나갔다.

여러 가지 가능성이 있는 가운데 물 흐르듯이 기회가 왔다. 3학년 때 인천에서 대치동으로 이사왔는데, 이사 와서 1달 만에 학교에서 연락이 왔다. 희망이가 학교 대표로 과학영재올림피아드 시험을 보게 되었다는 것이다.(대표가 한 명이 아니라 여러 명이다.) 그 후로 KMC한국수학인증시험, KMA한국능률협회 등의 수학경시를 보게 되었는데, 그것이 영재원이나 영재학교로 가는 올림피아드 경시와 연결되었다.

4학년이 되어서는 학교 대표로 영재원 시험을 보게 되었다. 영재원 시험을 보게 되었다는 선생님의 전화를 받고 약간은 당황했다. 당시에도 학원은 한 번도 보내지 않아 무엇을 어떻게 해야 할지 몰랐다. 남편은 희망이에게 이제까지 혼자 공부하고 있던 중학교 과학책을 천천히 보게 했다. 그리고 집 앞에 있는 학원에 문의를 했다. 이미 많은 아이들이 학원을 다니고 있다는 이야기를 들었다. 시험이 1주일 밖에 안 남아서 학원 선생님께 아이의 실력을 체크해달라고 했다. 처음으로 학원에 갔다. 2시간 정도 아이와 이야기를 나눈 선생님은 어디서 누구에게 공부 지도를 받았는지를 물었다. 사실대로 혼자 공부했다고 말했다. 선생님은 약간 놀라는 눈치였다. 그리고 영재원 시험 전까지 두 번 더 선생님과 공부를 했다. 시험을 대비한 학습이라기보다는 이전에 공부한 것을 기출에 적용해 정리해 주었고, 시험요령 그리고 답을 쓰는 방법에 대해 세세히 알려주었다. 그리고는 시험을 보았다.

희망이가 강남교육청 영재원 과학반에 입학하였다. 당시 교육감이 나와 축사를 했는데 가슴이 뛰고 너무 흥분되었다. 항상 두 아이가 너무 자랑스러웠지만 첫 번째 성과인 셈이라 더 기뻤다. 영재원 합격은 희망이의 꿈을 조금 더 구체적으로 만들어 주었고, 6학년에 와서 KMO 한국수학올림피아드를 보게 되는 계기가 되었다. 이 시험을 통해 과학고 진학이라는 구체적인 목표가 만들어졌다.

희망이에게 처음부터 영재학교라는 목표나 꿈이 있었던 것은 아니었다. 당시에 부산에 한국과학영재학교가 있었지만 부산으로 아이만 보낸다는 것이 마음에 들지 않아서 생각조차 하지 않았다. 아이가 6학년 때 KMO를 보고 나서부터 우리 부부는 아이의 진학에 대해 고민을 하기 시작했다. 우리는 지나친 선행 학습에 대해 부정적이었고, 초등학교부터 학원을 보내는 것도 마음에 들지 않아서 갈등이 많았다.

결국 6학년 12월부터 본격적인 공부를 시작하게 되었다. 물론 주위에 같은 영재원에 다니는 친구들은 이미 과목과 목표를 정해서 다들 시작하고 있었고(그것이 우리를 심적으로 압박한 것은 맞지만), 아이의 적성과 서울과학고등학교가 영재학교로 전환될 거라는 소식에 영재학교에 도전하기로 하였다.

중학교 1학년부터 계속되는 실패(영재원, 내신 성적)를 지켜보면서 아이에게 조금 더 빨리 공부를 하게 했으면 하는 생각을 무수히 했다. 그런데 입시는 아무리 좋게 포장해도 많은 스트레스를 받게 된다. 또 중요한 많은 것을 무시하거나 버려야 한다. 그러니 정말 가능하다면 늦게 시작하는 것이 좋다.

영재학교를 준비하다

희망이는 6학년 때 담임선생님의 추천으로 KMO를 보게 되었다. 담임선생님은 희망이를 많이 좋게 보았다. 다른 아이들과는 다르다며 앞으로 많은 기대를 하고 있다면서 시험을 꼭 보게 하라고 했다. 아무런 준비도 없이 과연 시험을 봐야 하는지조차 의문이었다. 선생님은 희망이에게 좋은 기회이며 자극일 거라고 했다. 부모보다 담임선생님이 먼저 희망이에게서 가능성을 본 것 같다.

대치동에 이사와서 4학년 때 갑자기 영재원 시험을 보게 되고, 영재올림피아드라는 것이 있다는 사실을 안 것보다 더 큰 충격이었다. 물론 준비를 할 수도 없었다. 아이는 중학교 수학을 시작하지도 않았기 때문이다. 나는 학교 공부만 잘 하면 충분히 원하는 대학에 갈 수 있다고 생각했고, 지나친 선행학습은 안 된다는 신념이 있었다.

서울대학교에서 시험을 치뤘다. 화창한 4월이다. 그런데 시험시간이 너무 길다. 네 시간이다. 초등학교 6학년이, 그것도 한 번도 접해 보지 못한 문제를 풀면서 네 시간이나 앉아 있어야 하다니. 세 시간이 지나자 아이가 아니라 내가 힘들고 괴롭다. 아이는 시험을 치르고 있는데 학교를 산책하며 추억에 잠긴 내가 더 힘들다니. 부모의 마음이 이렇다.

아이가 나왔다. 나와는 참 다르다. 너무 밝고 큰 일이라도 치른 것처럼 흥분되어 있다. 나는 "힘들지 않냐. 그냥 나오지 그랬어, 혹시 한 문제라도 풀었어?" 등 쓸데없는 질문이 많다. 사실은 말이 필요 없다. 그냥 웃으며 이야기를 들어주면 되는데. 아이는 계속 흥분해서 이야기 한다. 문제가 어떠했고 다 모르지만 한 문제를 풀었다고 자랑한다. 잘 하면 빵점은 아니다. 나오기가 싫었다. 혼자서 연구해 보고 싶었다. 특히 도형과 조합(그 당시에는 그런 파트가 있는지를 몰랐지만)은 해볼 만하고 해보고 싶어서 나올 수가 없었다고 한다.

아빠가 웃으면서 끝까지 듣다가 "수고했다. 전국 꼴등은 면했으니 잘 했다. 너무 힘 빼지 말고 가서 게임하자."라고 하니 아이가 조금 진정되었다. 이 일로 아이에게서 나와는 다른 면을 확실히 보았고 그 다른 면을 키워줘야겠구나 하는 생각과 어쩌면 내 생각보다 더 큰 아이가 아닐까 하는 설렘이 생겼다. 네 시간을 참고 몰두한 아이가 대견스럽고 자랑스러웠다.

이 시험은 다시 한 번 아이의 가능성에 대한 기대를 품게 한 계기가 되었다. 점수나 등수의 문제가 아니라 아이의 행동에서 가능성을 보았다. 아이에게는 단순한 시험을 넘어 구체적인 도전 과제를 주었다. 단지 과학을 좋아하고, 영재성이 보이는 어린아이에서 앞으로 자기에게 맞는 길이 어디인가를 보게 한 것이다.

갑작스럽게 보게 된 영재원 시험과 KMO 시험을 계기로 아이의 미래에 대한 길이 보였다. 무슨 직업을 할지, 어떤 분야를 할지는 몰라도 연구하고 몰두하는 분야, 남들이 어렵게 느끼는 분야가 될 것 같다는 생각이 들었다. 아이 말대로 한 문제를 맞아 4점이 나왔다.

희망이는 그해 겨울 6학년이 끝날 무렵부터 학원에 다니기 시작했다. 어찌 보면 아이가 전보다 힘들고 어려운 길을 가게 된 것이다. 쉽고 편해야 행복한 것은 아니다. 등산이나 마라톤을 생각하면 이해하기 쉽다. 마찬가지로 나에게도 힘든 시기가 왔다. 아이들과 재미있게 보내고 계획 없이 지내던 시기에서 이제는 공부도 계획해야 하고 아이들을 좀 더 채근하거나 결과에 신경을 써야 하는 시기가 왔다. 사실 나에게는 힘든 시기였다. 다행히 남편은 나와는 다르게 이런 시기를 즐기는 것 같다.

계속된 실패 그리고 서울대 물리 영재원

희망이가 초등학교를 마칠 무렵부터 중학교 2학년 올라갈 때까지는 아이나 우리 부부에게 힘든 시기였다. 어쩌면 힘들다는 것도 욕심에서 기인했을 것이다. 너무 늦게 시작한 선행 학습과 영재고 준비가 힘들긴 했지만 사실은 바로 앞에 있는 미래에 대한 두려움 때문이었다. 또 거기에 당장의 성과가 기대에 미치지 못하니 마음은 마냥 힘들기만 했다. 아마 대부분의 부모들이 겪는 일이 아닐까 생각한다.

강남교육청 영재원을 2년간 다녔는데도 그해 겨울에 치러진 강남교육청, 연세대, 서울대 영재원 3군데에서 떨어졌다. 봄에 치른 KMO는

1차는 합격하였지만 2차는 떨어졌고, 무엇보다 학교 내신은 기대 이하였다. 나는 아이에 대한 기대가 너무 큰 게 아닌가 하는 마음에 괴로웠다.

지나고나서 깨달았는데, 나의 기대는 아이의 방향과 다른 것이었다. 그것을 알기까지 많은 시간이 필요했고 오랜 인내가 있었다. 아이가 하고 싶은 방향과 내가 원했던 것의 차이를 알고, 나와는 다른 아이를 인정하게 되었다. 부모들은 비록 내가 낳은 아이이지만 나와는 다를 수 있다는 것은 염두에 두어야 한다. 다르다는 것은 나쁘거나 틀린 것이 아니다.

중학교에 입학하니 아이 반에는 영재원에 다니는 아이가 4명이나 되었다. 거기다가 무슨 소문이 그렇게 많은지 누구는 선행이 어디까지 되었고, 누구는 물리, 수학이 어떻고 하는 이야기는 나를 힘들게 했다.

그런데 반전이 생겼다. 희망이는 그해 봄에 치른 교내 수학경시대회에서 은상을 받았다. 이것은 선생님이나 다른 아이뿐만 아니라 부모들 사이에서도 큰 이야기꺼리가 되었다. 1학년은 희망이가 유일했기 때문이다. 희망이는 전교에서 4등을 했는데 나머지 3명은 모두 유명한(?) 선배들이었다. 다들 내신도 학교에서 선두에 있고 나중에 영재학교와 특목고로 진학한 선배들이었다. 비록 학교 교내 경시대회였지만 올림피아드보다 더 상을 받기 힘들다고 인정하는 상이였다. 교무실 문에 크게 붙은 성적표 덕분에 선생님들도 수업시간에 희망이 이름을 부르고 누구인지 확인을 했다. 전혀 모르던 친구들이 쉬는 시간에 찾아와 희망이에게 무슨 공부를 하고 있으며, 어느 학원을 다니며, 앞으로의 계획은 무엇인지를 물어왔다. 기분 좋고 우쭐한 마음도 잠시, 2학기 내신 성적은 더 형편없이 떨어졌다.

1학년 말에 치러진 강남교육청과 연세대 지구과학 영재원은 떨어졌다. 마지막에 남은 것이 서울대 물리 영재원이였다. 그전까지는 조금은 기대했지만 지금은 완전히 포기하고 있었다. 그 당시 서울대 물리 영재원은 최고 수준의 아이들이 시험을 치렀고, 그중에는 이미 올림피아드에서 상을 받은 다수의 아이들도 포함되어 있었다. 소문에도 올림피아드 상을 받지 못한 아이는 뽑히기 어렵다는 이야기도 많았다. 아이는 학원에 가보지도 못했고, 고등물리 공부를 시작한 지 불과 1달도 되지 않았다. 아이 친구 중에는 이미 올림피아드에서 상도 받고 연세대 물리도 합격한 후에 서울대를 보는 친구도 있어서 사실 아예 기대를 하지 않았다.

사랑이와 같이 셋이 전철로 서울대를 갔다. 마음이 전보다 편했다. 이만큼이라도 해주어서 고맙다는 마음으로 아이의 기분을 좋게 해주었다. 즐거운 얘기와 넌 자질이 충분하니까 언젠가 좋은 기회가 올 것이라는 확신을 주려 했다.

그날 저녁 식사 때 아이와 남편은 무엇이 그렇게 좋은지 시험에 대해 열띤 토론을 벌였다. 열역학 문제가 나왔는데 올림피아드 유형은 아니다. 창의적으로 생각해서 푸는 문제였다. 난 이렇게 생각해서 풀었고, 마지막 문제는 천체 문제였는데 이전에 내가 많이 고민했던 문제여서 즐겁게 답을 썼다는둥. 나에게는 이해가 가지 않는 장면이다. 즐겁게 맞장구를 치는 아빠의 모습이 신기할 따름이다. 공부를 더 하라던가, 실력이 없다고 비난한다던가, 그 아이들을 따라 하라던가 하는 이야기는 전혀 없다.

저녁에 부부 싸움을 했다. 아빠가 가지고 있는 지나친 낙관론과 비이성적인 긍정성이 나를 화나게 했다. 이미 다섯 번의 영재원 시험에서 떨어진 것이 폭발한 것이다.

결과는 2주 후에 나왔다. 남편에게서 전화가 왔다. 합격했다고. 믿기질 않았다. 거기다가 이미 올림피아드에서 상을 받았던 아이는 오히려 떨어지고 우리 아이가 합격했다는 것이 더 믿기질 않았다.

이 일은 두 아이를 키우면서 일어난 가장 중요한 일의 첫 시작이었다. 이것은 실패가 아니라 시행착오이며 방향이 맞는다면 포기하지 말고 가야한다는 것을 알게 해주었다. 두 아이 모두 많은 시행착오를 겪었다. 그것이 실패가 아니라는 것을 알기까지 나에게는 많은 시간이 필요했다. 희망이와 아빠가 시험이 끝나고 대화하던 모습이 자녀의 양육에서 긍정과 과정의 중요성에 대해 다시 생각해 보는 계기가 되었다. 아이들이 시행착오를 겪는 과정에서 어른이 어떻게 처리해주는가가 아이의 미래에 긍정적으로 작용할 수도 있고 부정적으로 작용할 수 있다는 것을 더 확고히 알게 되었다. 많은 내담자를 만나면서 시행착오를 겪을 때 옆에 누가 있었는가가 아이의 인생에 어떻게 영향을 미쳤는지 보게 되었다.

많은 내담자들은 작은 부정적인 반응이 모여 결국은 좌절하거나 무기력하게 변했다. 혹은 결과에 대한 두려움 때문에 도전하지 못하거나 시간이 갈수록 겁에 질려 안주하려고만 했다. 사실 그들이 겪은 실패는 과정에서 오는 시행착오일 뿐이며, 설사 실패한 것처럼 보여도 아이의 인생을 보면 오히려 더 큰 기회가 되는 경우가 많다. 희망이는 반복되는 시험의 실패와 내신 성적이 엉망이었음에도 불구하고 오히려 자신의 능력에 대한 믿음을 가지게 되었다. 이런 자신감이 이후에 어려운 과정에서 떨지 않고 자신의 능력을 발휘할 수 있는 힘이 되었다.

사사 반

"여기 모인 아이들을 자랑스러워하십시오."

담당 서울대 교수가 아이들을 모아 놓고 칭찬을 하니 엄마들이 더 즐거워한다. 마음이 많이 들떴다. 나는 연세대를 나오고 사실 무지하게 공부해서 서울대 대학원에 들어갔다. 그냥 연세대에서 대학원을 진학하면 나름대로의 장점이 있었겠지만 서울대에 도전해 보고 싶었다. 솔직히 다녀 보고 싶었다. 그런데 아이는 이제 중학교 2학년인데 서울대에서 공부를 한다고 생각하니 즐겁지 않을 수가 없었다. 또 주위에서 물리반을 최고로 인정해 주는 것도 좋았다. 아이가 절대 물리 영재원에 들어가기 힘들다고 했던 담임선생님조차 놀라움을 감추지 못했고, 아이를 다시 보기 시작했다.

사람의 마음이 참 간사하다. 좋고 즐거운 것은 왜 이리 짧은지 모르겠다. 막상 들어가서 보니 20명의 아이들이 너무 쟁쟁하다. 솔직히 처음 모임에 가서는 도대체 나에게 말을 걸어주는 엄마가 하나도 없었다. 자기들끼리는 잘 아는 모양이다. 좀 기분이 상했다. 그날 밤 잠을 못 잤다. 도대체 공부 잘하고 천재라는 놈들은 왜 이리 많은지 모르겠다. 우리 아이는 그동안 뭘 하고 지냈는지 모르겠다. 나도 주관을 갖고 열심히 키운 것 같은데 차이가 너무 난다. 대부분은 영재원을 계속 다니고 있었고, 영재원 시험에서 두 군데 이상 합격한 채로 서울대를 택했으며, 올림피아드에서 이미 상을 받은 아이도 여럿 있고, 각자의 학교에서 타의 추종을 불허하는 전교 1등도 여러 명이 있다. 희망이의 성적을 생각하니 한숨이 나왔다.

희망이는 참 잘 지낸다. 학교에서는 친구도 별로 없고 인기도 많지 않다고 하는데, 여기서는 4명 이상이 무리지어 재미있게 다닌다. 여기서 공부하는 것이 좋은지 영재원 가는 날을 기다린다. 가끔 아이들은 서울대생인 것처럼 캠퍼스를 누빈다.

그해 희망이는 다사다난했다. 아이는 영재원에서의 공부도 아이들과의 친교도 만족했다. 겨울에 여러 가지 평가를 합쳐서 사사반이라는 영재원 마지막 과정에 아이가 뽑혔다. 사사반은 6명의 아이를 뽑아 서울대 물리교수님이 1년간 가르치는 과정이다. 영재원의 마지막 과정이고 최고의 과정이다. 처음에는 기대도 못했는데 희망이는 시간이 갈수록 주변에서 점점 인정을 받기 시작했다.

중학교 3학년은 영재학교 준비와 '사사반' 공부로 정신없이 지나갔다. 시험에 대한 스트레스도 있었겠지만 아이는 사사반 공부를 너무 좋아했다. 조교 선생님과도 친하게 지냈고 담당 교수님과는 자주 연락을 하고 있다.

지나고 보니 왜 아이를 더 믿어주지 못했나 하는 아쉬움이 있다. 결과에 관계없이 좀 더 아이를 믿었다면 엄마로서 조금 더 자부심을 가졌을 텐데 말이다.

언제나 힘든 일은 있다

어려워요. 내신

나는 희망이가 중학교에 가면 조금만 공부하면 흔히 말하는 날아다니는 성적을 받아올 것으로 기대했었다. 물론 기대는 6개월 만에 실망과 분노로 바뀌었지만. 지금은 웃으면서 얘기할 수 있지만 당시에는 많은 실망과 눈물, 내가 무엇을 잘못했나,라는 반성과 고민도 많이 했었다. 이런 나의 실망과 분노는 처음으로 아이와 반목하는 계기가 되었다.

희망이는 수학, 과학 전국대회에서 수상한 친구나 영재원 혹은 경시에서 두각을 나타내는 아이보다는 전교 1등하는 친구들 얘기에 우울한 표정을 보이곤 했다. 시간이 지나면서 나도 그 상황을 이해하고 희망이의 재능을 살리는 방향으로 전환하게 되었지만 당시 1년간은 힘들었다. 그것은 희망이가 공부에 재주는 있었지만 방식과 추구하는 것이 달라서 생기는 어쩌면 당연한 괴리현상이었다.

중1 때 시작된 영재학교 공부와 내신공부에서 아이는 유독 내신 공부를 힘들어 했다. 부모의 입장에서 보면 완벽하게 한 것 같고, 실력도 있다고 생각했는데, 시험을 보면 여지없이 실수가 생기고 그런 일이 아이의 기를 죽이고 다시 더 어렵게 만드는 악순환의 고리를 만들었다. 문제의 핵심은 반복과 완벽이다. 실수가 용납되지 않는 내신.

처음엔 아이의 공부 습관을 고쳐 보려 노력했다. 대한민국에서 중·고교를 다닐려면 공부에 있어 반복과 완벽은 선택이 아니라 필수이다. 나 역시 중·고등학교를 거치면서 그런 사고방식에 굳어 있었다. 중학교 1년 동안 여러 가지 방법으로 반복하게 하고 완벽을 기하려 애쓰는 동안 기대한 성과가 잘 나오지 않게 되니 나와 아이 사이에 오히려 간극만 벌어지고 서로 불신하는 마음만 생겼다.

학력고사 시대의 부모들은 암기식 교육을 받았다. 지금은 사고 중심의 교육이라고 하지만 그래도 성적은 반복해서 실수하지 않게 하는 것이 핵심이다. 그러나 반복하는 공부는 누구에게나 잘 맞는 교육법은 아니다. 나 역시 경험했던 학습의 형태이기 때문에 누구나 할 수 있는 일이라고 생각했다. 영어시험을 보면 지문을 전부 외워야 빈칸을 쉽게 맞출 수 있는 문제가 나온다. 내신 성적이 좋은 아이들은 정말로 지문을 전부 외우고 학원에서도 그렇게 공부 시키는 경우를 많이 보았다. 이런 공부 방법을 전부 부정하고 싶지는 않지만 그렇다고 자녀에게 무조건 이렇게 해야 한다고 강요하고 싶지도 않다. 성적을 위한 한 가지 방법이라는 것은 인정하고 각자의 특성도 인정해야 한다. 부모가 강요하면 조금 빨리 외우는 방법을 체득할 수는 있지만 그보다 아이 스스로가 필요할 때 하는 것도 좋은 선택이다.

수두

얼마 전 아이들 짐을 정리하다 아기 수첩을 발견했다. 예방 접종에 대한 스케줄 표가 있었다. 거기서 '수두'라는 단어가 보이자 가슴이 아렸다. 예방접종을 했는 줄 알았는데 하필 희망이에게 가장 중요하고 힘들 때 타격을 주었다. 처음 학원에서 적응하는데 가장 공들여야 할 시기에 수두로 인해 2~3주가 멈춰버린 것이다.

열이 내리고 물집이 가라앉는 2주는 너무나 길고 힘든 시간이었다. 목적을 가지고 경쟁을 하는 입시를 처음으로 시작했는데 시작하자마자 이런 일이 생긴 것이다. 나는 적극적이지만 어려움이 닥치면 어쩔 줄 모르는 반면, 남편은 내성적이지만 어려움을 참고 극복하는 데엔 나보다 훨씬 낫다. 요즘도 가끔 희망이에게 미안한 마음이 든다. 그때의 수두 자국이 아직도 얼굴에 남아 있어서 '잘생긴 내 아들 얼굴, 엄마가 조금 망친 거 아냐'라고 자책하기도 한다.

수두를 앓으면서도 공부를 나름대로 열심히 했다. 그렇지만 지금까지의 학습 방법과 너무 달라서 많이 당황하고 힘들었을 거라 생각한다. 가끔은 미안하다. 이렇게 아이를 힘들게 하는 것이 과연 필요한 일인가에 대한 고민을 많이 했다. 정답은 없지만 그래도 도전은 아름답다.

맞지 않는 옷, 학원

아이의 학원을 선택하는 것은 항상 어려운 일이었다. 처음이 가장 어려웠고 이후에는 인강이나 학원의 선택이 다른 부모님들에 비해서는 쉬웠다. 결국은 아이들이 선택해야 한다. 누구에게 어느 정도의 수준을 얼만큼의 강도로 공부할지는 공부할 사람이 선택해야 한다.

희망이가 중학교 2학년이 돼서 다시 KMO를 공부하면서 다니던 학원과 물리 올림피아드 준비하면서 다른 부모로부터 같이 다니자고 권유 받은 학원, 그리고 영재학교를 준비하면서 학원으로부터 다닐 것을 권유 받았던 학원은 모두 당시에 가장 좋은 학원이었다. 그렇지만 희망이의 선택은 모두 다른 학원이었다. 지나고 나서 보니 희망이의 선택에는 기준이 있고 나름의 원칙이 있었다. 너무 많은 양의 숙제가 있거나, 강압적이거나, 반복하는 학원은 싫어했다. 조금 자유롭게 질문하고 적은 문제를 집중적으로 푸는 학원을 좋아했다. 희망이의 특성에 맞는 학원인 셈이다. 중학교 내내 주변에 엄마들로부터 그룹과외나 혹은 학원 선택을 같이 하자는 권유를 많이 받았다. 처음에는 그럴 생각도 많이 했는데, 결국은 그것이 정답이 아니라는 것을 알았다. 같이 모여서 하는 것은 부모의 자기만족일 뿐이다. 아이를 위한 최선의 선택은 아니며 가끔은 최악의 선택이 되기도 한다. 아이가 자기표현을 충분히 할 수 있게만 해준다면 학습을 위한 선택은 비교적 쉬워질 수 있다.

희망이도 사랑이도 학원에서의 공부를 힘들어 했다. 그리고 두 아이에게 모두 맞지 않는 옷과 같이 어울리지도 못했고 폼도 나지 않았다. 학원 공부가 비효율적인 아이들도 있다. 그렇다면 공부 방법을 바꾸는 것이 좋다. 인강은 현강(학원)에 비해 반복하거나 혹은 모르는 것에 집중하거나 또는 자신의 시간에 맞추어 공부한다는 점에서 장점이다. 그리고 스스로 공부하는 시간을 늘리는 것도 학원 공부를 대신할 수 있다. 또 남이 좋다는 학원과 강사가 반드시 내 아이에게도 좋은 것은 아니다.

아이가 중학교에 들어가서 공부와 성적이라는 현실을 직면하게 되면 부모의 생각보다는 어렵고 잘 안 되는 일이 더 많다. 스스로 잘하고 부모의 뜻대로 해줄 거라는 생각은 안 하는 것이 좋다. 청소년기의 정서적 혼란도 부모에게는 힘든 일이지만 학습에 대한 어려움은 크다.

많은 부모들은 성적을 올리는, 혹은 공부를 잘하는 딱 한 가지 방법을 원할 것이다. 그런 방법이 있을까? 너무 무심하게 방관해서도 안 되고 그렇다고 부모의 방식만을 강요해도 안 된다. 아마 그 사이에 정답이 있지 않을까?

할 수 있는 건 다 했다

즐겁고 행복하게 보낸 유소년기에는 교육이나 양육에 대한 나의 신념이 확고했고 자신도 있었다. 그런데 막상 입시라는 현실이 닥치고 보니 신념에 대한 의문과 혼란이 가중되었다. 그중에서도 희망이 중학교 2학년 6월은 가장 큰 고비였고 가장 힘든 시기였다. 그런데 오히려 시기를 겪고 나니 상담전문가로서 유아와 청소년 상담에 있어 확고한 신념이 생기고 나름의 가치관이 성립되었다.

잔인한 6월

희망이는 영재원에 합격은 했지만 여전히 내신 성적은 엉망이었다. 평균적으로 중간 정도의 성적이고 2학년에 와서는 더 떨어졌다. 희망이가 자신의 공부 방법을 바꾸려 하지 않는 것도 나에게는 스트레스였고, 본인도 스트레스였다. 1월 중순부터 영재학교를 위해 물리 올림피아드를 준비를 시작했다. 그런데 생각만큼 성적이 오르지 않아 점점 자신이 없어졌다. 결국 내신도, 경시도 다 잘못될지 모른다는 걱정이 날 힘들게 했다.

희망이를 가르치던 선생님은 물론 상담을 받은 대부분의 학원은 올해는 올림피아드는 힘들다는 결론을 내놓았다. 아주 잘하면 은상이 가능하니 그 수준에 맞추어 공부를 하는 것이 좋다고 하였다.

많은 생각을 했다. 그리고 아이와 많은 대화를 했다. 학원에서 집으로 오는 길은 아이와의 소통의 시간이다. 내가 하고 싶은 이야기, 여기저기서 들은 이야기, 나의 주장, 그리고 아이의 이야기. 그리고 결론을 냈다. 결과에 연연하지 않고 이대로 최선을 다하기로 했다. 충분이 도전할 만한 가치가 있는 일이라고 의견을 모았다.

희망이는 충분히 외우고 계산 실수를 줄이면 자신이 있다고 했다. 그리고 6월이 되자 계획한 대로 반복해서 외우고 계산하는 연습을 시작했다. 7월 초에 중학교 1학기 기말시험이 있었다. 그래서 학원도 휴강을 하고 시험 10일 남기고 모의고사반을 운영하기로 했다.

이 시기에 우리는 두 가지 중요한 결정을 했고, 이것은 희망이 진로에 막대한 영향을 미쳤다. 첫 번째는 서울과학고가 영재학교로 전환되어서 중학교 2학년인 희망이가 시험을 볼 수 있게 되었다는 것이고, 또 하나는 물리올림피아드를 위해 더 좋은 학원으로 옮기는 문제였다.

결론적으로 영재고 시험은 포기하고 학원을 옮기는 것도 하지 않았다. 우리 부부는 냉정하게 현실을 평가했다. 희망이가 설사 중학교 2학년인 지금 영재고에 합격하더라도 결코 행복한 고등학교 시절을 보내지 못할 거라는 결론을 내렸다. 첫째로 교우관계에 있어 형들과 지내는 것은 희망이에게는 스트레스가 될 것이며 여러가지로 좋을 것이 없다고 생각했다. 그리고 지금의 실력으로는 진학한다고 해도 힘들게 될 거라는 결론을 내렸다. 학원을 옮기는 문제는 인터넷 검색을 통해서 확률적인 계산을 해 보았다. 결론적으로 옮기는 것보다 여기서 공부하는 것이 확률적으로 금상을 받을 가능성이 더 높다는 결론을 내렸다. 희망이에게 충분한 설명을 했고, 희망이 역시 그렇게 생각하고 있었다. 그래서 당장의 물리올림피아드에 집중하기로 했다.

혼자 공부하는 아이를 위해 메가스터디 인강을 비롯해 모든 인터넷 물리 올림피아드 강의를 준비했고, 시중에 나오는 문제집을 구비했다. 복습을 싫어하는 아이를 위해 문제집을 풀고 나면 우리 부부가 채점을 하고, 틀린 문제는 공책을 마련해서 한 곳에 모으기 시작했다. 나중에는 그 공책이 여러 권이 되었고, 이후의 영재고 시험에도 계속 사용되었다. 따로 공책을 준비해 놓으니 아이가 복습하는 데 많은 도움이 되었다. 여러 학원의 상담에 의하면 미적분학은 중등 경시에 나올 수 없으며 단지 실력을 조금 향상시키거나 나중에 고등부를 위해 필요한 것으로 판단되어 과감히 포기하였다.

그렇게 우리에게 잔인한 6월은 지나갔다. 물론 결과가 좋으니 과정이 좋았다고 할 수도 있다. 세월이 지나 생각해 보니 많은 고민이 있었지만 최선의 선택을 했고, 다시 똑같은 상황이 오더라도 같은 결정을 할 것이라는 생각이 들었다.

선택

6월이 되면서 서울과학고등학교는 정식으로 영재학교로 바꼈고, 입시정책도 나왔다. 영재원 아이는 물론이고 학교에서 경시를 준비하던 대부분의 아이들은 영재학교 입시에 대해 관심이 많아졌다. 아니, 부모의 관심이 많았다. 중학교 2학년인 희망이 친구들 중 대부분이 영재학교 시험을 보기로 했다. 한국영재학교를 포함해 두 군데 이상을 보는 아이들도 많이 있었다.

시험을 보는 이유는 간단하다. 일찍 학교에 들어가면 남보다 앞선다는 생각, 이번에 안되더라도 내년에 유리하지 않겠나 하는 생각이다. 그러나 우리의 생각은 달랐다. 말을 안 해서 그렇지 결국은 부모의 욕심과 자만심에, 또는 혹시나 내년에 안 되면 어떻게 하나, 하는 불안감에 시험을 보는 것이다. 그 당시의 분위기는 지금 하지 않으면 왕따 당하거나 완전히 뒤쳐져 소외되는 분위기였다. 실제로 영재원 아이가 영재학교 시험을 보지 않겠다고 하자 다른 부모들의 따가운 시선을 받아야 했다. 마치 그것은 우리 아이가 부족해서 시험을 치를 자격도 없다고 보는 것 같았다. 같이 영재원에 다니는 아이 중 2명이 그 해에 영재학교에 입학했다. 마음속으로 상당히 부러웠다.

물리올림피아드라는 아주 중요한 시기이기에 아이에게 말하지 않고 많은 상담과 고민을 하였다. 이런 상담의 대부분은 학원 선생님이나 진로실장님하고 이루어지는 것이 현실이다. 학교 담임선생님이나 수학, 과학 선생님하고의 상담은 거의 없었다. 그분들도 우리만큼이나 정보가 없고 미래에 대한 확신이나 확고한 비전이 없었다. 자녀가 중학교에 다니는 교사조차도 학원에 문의하고 상담을 하러 온다.

상담선생님들의 90%가 영재학교 시험을 보라고 하였다. 역시 이유는 우리가 생각하던 대로 내년을 위해서라는 말이 대부분이었고, 혹시나 하는 마음, 그리고 나머지는 학원의 욕심을 위한 충고였다.

주말에 희망이에 대해 생각했다. 수십 번, 수백 번 생각했다. 모든 다른 변수는 다 지우고 오직 희망이만을 생각했다. 희망이는 뭐든지 완벽하게 하는 것을 좋아하고, 지금은 비록 실력이 조금 떨어지지만 금상을 받을 수 있다고 자신하고 있고, 물리에 대한 자신감도 가지기 시작했다. 학교에서 그다지 인기 있는 학생도 아니고, 친구들과의 관계에서도 활발하거나 재미있게 활동하지도 못한다. 그런데 1년 위 형들과 공부한다면 잘 지낼 수 있을까? 그런데 친구들은 영재학교에 합격했는데 희망이는 그런 기회조차 갖지 못하고, 물리올림피아드는 떨어져 내년에도 힘들어 한다면 어떻게 할까?

영재학교에 합격한다면 아이에게 다양한 기회를 갖고 잘 맞는 옷처럼 편안하고 즐거운 고등학교 생활과 공부는 제공되겠지만 영재학교가 아이의 최종 목표는 아니다. 혹시 실패하더라도 아이가 잘 극복해서 원하는 목표를 향해 나갈 수 있다고 생각했다. 결국 합격하더라도 아이의 행복과 진로에 도움이 되지 않는다고 판단이 되었다. 영재학교 생활이 아이에게 짐이 되고 고통이 된다면 무슨 소용이 있겠나?

이제 물리 올림피아드까지 한 달이 남았다. 학원에서 실력이 좋은 3학년 학생들은 거의 대부분 영재학교 학원으로 옮기고, 2학년들은 두 개를 동시에 준비하고 있다. 아이가 학원이 끝나는 시간에 마중을 나갔다.

부모가 항상 옳은 선택을 하고 항상 옳은 길로만 안내하는 것은 아니다. 우리는 신이 아니다. 그러나 세상 누가 뭐라고 해도 아이를 오랫동안 관찰하고 친구같이 지내다보면 최소한 차선책은 선택하게 된다.

아빠는 희망이와 많은 대화를 나누었다. 물리 공부에서부터 친구들에게 받는 스트레스, 그리고 선생님에 대한 평가, 어떤 파트의 공부가 잘되고 안 되는지 이야기를 했다. 학원에서 집까지 오는 시간은 너무 소중한 시간이다. 아이에게는 고민과 스트레스를 해소하는 시간이며 부모는 객관적으로 아이를 판단할 수 있는 시간이다. 그렇게 중요한 시간에 불필요한 잔소리는 독이다.

6월 따스한 토요일 저녁, 우리가 최선이라고 생각하는 대로 하기로 했다. 영재학교 시험은 포기하고 물리올림피아드만 준비했다.

설곽에 가다

6월 중순까지 모두 안될 거라고 했지만 시험을 10일 남기고 학원에서 보는 모의고사 7회 중 4회나 1등을 하였다. 마지막 모의고사에서 아이는 두 번이나 학원에 가질 않았다. 지금까지 공부한 것에 대한 복습 때문에 갈 수 없다고 하였고, 이유가 타당하였기에 허락했다.

물리 올림피아드 시험이 끝나고 생물 올림피아드는 불과 40일이 남았다. 아이가 쉬고 싶어해서 캐리비안베이에 가고 하루는 충분히 쉬면서 산책하며 보냈다. 생물 공부는 따로 하지 않았다. 중학교 자습서를 혼자서 공부한 것이 전부였다. 우리의 목표는 동상이다.

“상이 목표가 아니라 영재학교에 진학하는 데 도움이 되니 이번 기회에 한 번 해보자."

큰 시험을 치루고 스스로가 만족해서인지 아이는 기분 좋게 공부를 했다. 고등학교 생물은 인터넷 강의로 듣고, 시험대비는 학원에서 했다. 대학 교재 같은 무지 두꺼운 책을 들고 다니면서 이상하게 즐거워한다. 아마 물리 시험의 경험 때문일 것이다. 그해 여름은 금방 지나갔다.

희망이가 생물 올림피아드 시험을 치르고 나오면서 말했다.

"후회 없어. 정말 잘 봤어. 정말 내가 아는 만큼 본 것 같아."

"축하한다."

"어, 잘하면 금상 나올 것 같아."

"크크크, 알았어. 임마."

그 해 가을에는 서울시 과학경시대회를 치뤘다. 전체에서 4등을 했다. 3학년이 되자 본격적인 영재학교 준비에 들어갔다. 영재학교는 당시에 4차례의 시험이 있었다. 1차는 서류 심사이고, 2차는 객관식 문제로 중학교 수준이었고, 3차는 주관식 시험으로 가장 중요한 시험이었다. 4차는 면접과 합동으로 토론을 하였다.

시험을 보고 결과를 기다리는 일은 부모에게 언제나 힘든 일이다. 이전에도 그랬지만, 시험이 끝나고 나면 두 아이는 아빠와 이야기가 많다. 잘보고 못보고는 나중 문제고 시험에 관한 이야기도 하고 공부에 관한 이야기도 한다. 시험 전에 떨리는 마음이야 누구나 같겠지만 끝나고나서의 모습이 보기 좋다. 아빠는 한 번도 지적하거나 비난한 적이 없다. 그냥 열심히 듣고 열심히 맞장구친다. 시험 전에는 의견 충돌도 있고 아빠의 의견을 놓고 토론도 하지만 끝나고 나면 아빠는 무조건 아이 편이다.

그해 희망이는 영재학교에 합격했다.

시험에 합격하고 가족이 모두 서울과학고에 놀러 갔다. 골목을 지나 오르막을 조금 올라가면 왼쪽에 학교 정문이 있다. 큰 운동장이 있고, 돌아서 학교 안으로 들어가 통과하면 아이들 기숙사가 나온다. 학교와 기숙사 사이에 마당이 있고, 우리는 거기서 가볍게 산책을 했다. 너무 기분이 좋았다. 여기서 희망이가 또래의 비슷한 꿈을 가진 아이들과 같이 생활하고 공부한다는 생각에 가슴이 벅찼다. 남편은 나보다 더 좋아했다. 남편은 두 아이 교육에 나보다 더 지대한 공(?)이 있다. 학습 계획이나 아이들의 마음을 다독이고 격려하며 독려하는 것도 나보다 낫다. 이런 면으로는 아이들에게 꽤 신뢰가 깊다. 어려운 결정을 많이 하고 희망이가 원하는 것을 얻어서 그런지 오늘은 더 기뻐하는 것 같다.

●학습에 대한 이미형 선생님의 생각 ①

부모의 가장 큰 숙제, 학습

30년 전이나 지금이나 자녀의 학습문제는 부모의 최대의 고민거리입니다. 그래서 30% 중반이던 대학 진학률을 80%까지 끌어 올렸고, 자녀들 교육시키느라 노후대책이 어렵다는 이야기는 그때도 지금도 여전합니다.(30년 전에는 소를 팔고, 지금은 노후 자금을 쓴다.)

두 아이를 양육하면서 다른 부모들에게 학습에 관하여 가장 많이 들었던 말은 무엇일까요?

"어떻게 공부했어요?"

"아이가 공부를 잘해서 아무 걱정이 없겠어요?"

학습에 관한 이야기를 하려고 보니 과연 어떤 이야기가 도움이 될까, 라는 생각으로 많은 고민을 했습니다. 좋은 인강 혹은 좋은 학원을 소개할까, 아니면 머리를 좋게 하는 특별한 방법이나 좋은 약을 소개해

줄까, 누구나 일등을 할 수 있는 공부법을 만들어볼까?

그러나 이것은 허상이고 부질없는 것입니다. 1등을 만들어주는 특별한 공부법도 없으며 비법도 없습니다. 이미 《성적을 올려주는 자녀심리》는 책에서 학습에 대한 많은 오해에 대해 이야기 했습니다. 자녀가 오랜 시간 집중할 수 있도록 하는 것이 어쩌면 비법이라 할 수 있습니다.

상담을 하다보면 능력에 비해 성적이 형편 없는 아이들을 보기도 합니다. 그 아이들에게는 공통점이 있습니다. 그건 부모가 학습을 너무 재미 없게 만든다는 것입니다. 학습을 좀 더 재미있게 하고, 자신의 능력을 발휘해 성취감을 느끼고, 자신이 좋아하는 것을 후회 없이 할 수 있도록 자녀의 능력을 최대한 발휘할 수 있도록 하는 가장 좋은 방법은 부모가 학습을 대하는 태도를 바꾸는 것입니다.

부모가 먼저 공부해야 하는 8가지

1. 너무 많은 장작은 불이 붙지 않는다

'놀면 공부를 못한다'라는 인식이 부모들에게는 확고한 명제 같습니다. 그러기에 부모들은 자녀의 하루일과를 빽빽하게 채웁니다. 저는 두 아이를 양육했으니 수험생 부모와 같은 입장에서 말하자면, 빽빽하게 채워진 학습스케줄을 자랑스러워하지 말고 자녀가 쉴 수 있는 공간을 마련하는 데 더 신경을 쓰는 것이 좋습니다. '너무 많은 장작은 불이 붙지 않는다.'라는 말이 있습니다. 장작을 쌓을 때 빈 공간이 없이 촘촘하게 쌓으면 오히려 불이 잘 붙지 않습니다. 장작 사이에 공기가 통할 수 있는 공간이 충분해야 장작에 불이 잘 붙는 것입니다. 자녀의 학습 스케줄이 장작이라면 자녀의 놀이는 장작 사이의 공간이며 공기입니다.

자녀가 입시(대학)를 준비한다면 정말로 줄여야 하는 시간은 노는 시간이 아니라 '멍 때리는' 시간입니다. 아이들이 '멍 때리는 것'은 휴식과는 다른 것입니다. 생각을 내려놓고 머리를 쉬게 하는 '멍 때리기'가 아닌 책은 보고 있으나 머릿속은 다른 생각을 하면서 집중하지 못하는 상태입니다. 가령 펼쳐진 페이지를 넘기지 못하고 한 시간을 보낸다거나, 글을 읽고는 있는데 무슨 내용인지 모르는 상태입니다. 이 시간은 육체적 피로를 부르고 정신적 황폐화를 가져옵니다. 이것은 성적을 망치는 주 원인이 됩니다. 멍 때리는 시간을 줄이려면 자녀에게 죄책감 없이 신나게 놀 수 있는 환경을 만들어줘야 합니다. 아이들이 멍 때리는 원인은 여러 가지겠지만 쉬는 시간이 부족한 것이 큰 원인입니다. 인간의 집중력은 최대 50분입니다. 학교 수업도 50분마다 쉴 수 있게 하며, 작심3일이라 하여 3일이 지나면 자연스럽게 지칠 수 있습니다. 그런데 과연 이렇게 공부를 할 수 있을까, 라는 의문이 드는 학습 계획표를 가지고 오는 내담자도 있습니다.

사랑이가 재수를 하면서(물론 고3 때도) 공부 계획을 세울 때 가장 먼저 만든 것은 '노는 시간표'입니다. 일요일은 노는 계획을 세우고, 수요일에는 운동, 그리고 친구가 기숙학원에서 나오는 날, 그 주에 하루는 무조건 놀 수 있게 계획을 잡았습니다. 이렇게 하면 1달에 7일 정도는 쉬거나 마음껏 놀 수 있는 시간이 확보됩니다.

자녀는 일주일이든 한 달이든 학습 목표를 세우고, 목표를 향해 나갈 준비가 되었다면 어느 순간에 스스로 노는 시간을 줄이게 될 것입니다. 놀라고 해도 더 이상 놀지 않습니다.

2. 유행을 좇지 마라. 숲을 보고 가라

최근에 알파고가 인간과의 바둑 대결에서 승리한 이후에 '코딩'이 2018년 초·중교의 정규 과목이 되고, 서울대는 교양 필수로 지정했다고 합니다. 당연히 코딩학원이 생기고 고액과외가 등장하기 시작했습니다. 코딩은 컴퓨터 작업을 위해 프로그램을 작성하는 일입니다. 이제는 미국의 매사추세츠공대(MIT)에서 교육용으로 개발한 블록 방식의 코딩 도구인 '스크래치'를 초등학교 저학년 아이들이 배우고 있다고 합니다.

자녀가 초등학교에 들어가게 되면 부모들은 수많은 정보와의 싸움을 시작합니다. 자녀를 위한 것이라는 이유로 자기도 모르게 자녀에게 많은 것을 강요(?)하기 시작합니다. 온갖 정보가 들어오는데, 다 중요한 것 같습니다. 그러니 자연스레 자녀에게 강요하게 되고 주변의 다른 아이들과 비교하기 시작합니다. 아이는 부모도 모르는 사이에 점점 이상한 방향으로 흘러가게 됩니다. 특히나 내성적이거나 부모의 말에 순종적인 아이들의 경우 이렇게 되기 쉽습니다.

한때 조기 유학이 유행하면서 많은 초등학생이 외국에 단기든 장기든 유학을 갔는데, 최근에는 점점 줄어드는 추세라고 합니다. 이것은 유행이 꺼지는 것이라고 볼 수 있습니다. 유행을 좇아서 이것저것을 하다보면 아이들은 지치게 되며, 한 가지를 집중해서 얻을 수 있는 성취감과 자신이 최고라는 기분을 얻지 못하는 경우가 많습니다. 한 가지를 통해 성취감과 자존감을 갖게 된 아이는 다른 일에도 계속 도전하여 자신의 역량을 발휘할 수 있습니다.

3. 단기성과에 목매지 마라

《왜 우리는 집단에서 바보가 되었는가》라는 책을 보면 단기성과에 집착하는 회사에서 유능한 인재가 시간이 흐르면서 어떻게 바보가 되는지 보여 주고 있습니다.

단기적 목표를 세우고 일을 하는 것은 중요합니다. 또한 자녀의 학습에 있어 단기적인 목표를 정하는 것 역시 중요합니다. 단기적인 성취를 이루어냄으로써 자신감을 갖게 되고 또 다른 도전을 할 수 있습니다. 그런데 단기적인 목표가 전부가 되면 독이 되는 경우가 많다는 것입니다. 부모와 자녀가 장기적인 목표를 공유하고 그것을 얻기 위해 단기적인 목표를 세워 노력하는 것이 가장 바람직합니다. 비록 단기적인 목표로 가끔 좌절할 수는 있지만 그것이 장기적인 목표를 향해가는 과정이며 시행착오라는 인식을 공유한다면 작은 실패에도 좌절하지도, 겁을 먹지도 않습니다. 반대로 바로 앞의 시험이 인생의 전부인 양 부모가 윽박지르게 되면 시간이 갈수록 자녀는 자신이 가지고 있는 역량을 발휘할 수 없게 됩니다.

이런 단기성과와 단기간의 효율만을 중시하는 양육태도는 자녀의 꿈과 공부 근력을 망가뜨리는 중요한 이유입니다. 시험 불안 등의 불안 장애가 있는 사람들을 보면 단기성과에 지나치게 집착하는 모습을 볼 수 있습니다.

4. 공부로 병들게 하지 마라

신문에는 가끔 모범생이며 우등생인 청소년의 자살 기사가 나오곤 합니다. 원인은 '1등 콤플렉스' 때문이라고 합니다. 우리는 청소년 자녀의 사고와 행동을 병으로 칭하는 경우가 많습니다. 처음에는 '고3병'이라고 하여 사춘기와 입시의 스트레스 때문에 이상(?) 행동을 하는 경우를 지칭했습니다. 그 이후에는 '고2병'이 있었고, 더 나아가 '중2병'이 생겼습니다. 이대로라면 곧 '초5병'이 생길 것입니다.

요즘의 '고3병'은 당사자가 아닌 입시가 끝난 부모가 우울증과 같은 심리적 증세를 보이는 것을 뜻합니다. 그리고 이제는 '대2병'도 생겼습니다. 대학교에 입학한 자녀가 입시 때문에 자신의 정체성을 만들어야 하는 청소년기를 올바르게 보내지 못해서 생긴다고 합니다. 이렇게 보면 자녀들은 공부를 하는 10년간을 병자로 지내고 있는 것 같습니다.

'망가진 성적은 회복될 수 있지만 망가진 정서는 회복하기 힘들다.'

이 말은 가끔 제가 부모들에게 드리는 조언입니다. 수험생에게는 당장의 시험이라는 목표보다 길게 보고 공부하라고 말합니다. 나는 청소년 양육에 대해 '부모의 양육태도와 자녀의 정서상태를 다시 한 번 돌아보는 시기'라는 면에서 강조합니다. 유소년기에 총명하게 부모의 뜻을 잘 따랐던 아이가 변했다면 이 시기에 자신을 돌아보고 아이의 내면을 바라보는 것이 학습의 새로운 시작이 될 수 있습니다. 고등학교 3학년 자녀라 하더라도 심리적 상태가 불안정하다면 천천히 길게 보고 공부하라고 조언합니다.

5. 학습은 즐거움이다

“공부가 즐거워서 하는 놈이 어디에 있나요? 참고 하는 거지.”

자녀의 학습 상담을 하다 보면 부모들이 흔히 하는 말입니다. 정말 공부는 힘들고 지겹고 싫기만 한 것일까요? 사실 학습은 즐거움입니다. 배우고 깨닫는 것은 고통이 아니라 즐겁고 기쁜 일입니다. 나의 두 아이 역시 공부를 하면서 즐겁고 기쁘다는 이야기를 종종 했습니다.

만약 자녀가 공부가 힘들고 지겹고 싫다고만 한다면 무엇인가 잘못되고 있다는 생각을 해야 합니다. 단순히 잠시 쉬는 시간을 가져야 할지, 공부 계획을 다시 점검해야 할지, 혹은 자녀의 정서상태가 엉망은 아닌지 부모가 돌아봐야 한다는 것입니다. 이렇게 된 원인 중에는 지나치게 많은 학습 양, 벅찬 목표, 자신과 맞지 않는 학습법 등이 있습니다. 또 심리적인 불안과 공부와는 관계 없는 스트레스 등도 생각해 보아야 합니다. 혹은 지금 하고 있는 공부가 자녀가 원하는 것이 아닐 수도 있습니다. 최근에는 이과가 취직이 잘되고 문과는 ‘문송(문과라서 죄송합니다.)’이라는 이유로 자녀가 원하지 않는 공부를 시키는 경우도 많습니다.

공부하는 과정은 지루하기도 힘들기도 합니다. 무더운 여름에 하루 종일 앉아 있어야 하는 것도 쉬운 일은 아닙니다. 그렇지만 공부를 하면서 얻는 즐거움은 틀림없이 있습니다. 자녀에게 공부의 작은 성취와 기쁨을 알게 하고 목표를 향해 나가고 있는 자녀를 격려한다면 조금은 공부가 즐거워질 것입니다.

6. 성적은 이륙하는 비행기와 같다

청소년기에, 특히나 입시를 앞두고 있는 자녀를 믿고 기다린다는 것이 얼마나 어렵고 힘든 일인지 저는 압니다. 특히 공부습관이 적당히 올바르다고 생각하게 되면 더 안달이 날 수 있습니다. 차라리 공부를 전혀 하지 않는다면 포기라도 하겠지만, 나름 열심히 하고 있다면 마음이 조급해집니다. 그래서 이 선생님도 기웃거리고, 이 학원도 가보고, 또 여기저기서 정보를 듣고 자녀를 못살게 굴 수도 있습니다.

우리는 비행기가 활주로를 천천히 움직이고 있을 때 빨리 이륙하라고 재촉하지 않습니다. 당연히 조금만 기다리면 비행기는 이륙할 것이니까요. 마찬가지로 자녀의 학습 습관만 올바르다면 반드시 그에 걸맞는 성적을 얻을 것이라는 믿음을 가져야 합니다. 이런 믿음이 아이에게 더 안정적으로 자신의 실력을 발휘하도록 합니다.

목표지향적인 부모나 엄격한 부모(타이거 맘)는 자녀에게 가끔 죄책감을 느끼게 합니다. 성적이 최상위권에 있는 자녀의 경우는 불안한 마음을 많이 호소하고, 성적이 부모의 마음에 들지 못하는 자녀는 위축되는 경우가 많습니다. 성적이 좋지 않은 자녀에게 계속 압박을 하는 것보다는 천천히 그러나 틀림없이 성적이 오를 것이라는 믿음을 주는 것이 최상의 학습지도 방법입니다.

7. 적절한 기대와 긍정적 사고를 가져라

사람은 누구나 다른 사람에게 기대 받기를 원하고 그 기대를 충족시킴으로써 성취감을 얻고자 합니다. 또 과정에서 부정적인 반응보다는 긍정적인 피드백을 받아서 불안을 줄이고 일을 끝낼 수 있는 추진력을 얻기를 원합니다.

상담에서 만난 보호자 중에는 생각보다 부정적인 생각과 말이 과한 분들이 많이 있었습니다. 또 자녀에 대한 기대가 터무니 없이 높거나, 전혀 기대를 하지 않는 극단적인 경우도 흔합니다. 개개인의 성격과 사고방식을 떠나 부정적이거나 극단적인 기대는 자녀의 학습에 도움이 되지 않습니다. 적절한 기대와 긍정적인 사고는 학습 효과를 올리는 중요한 테크닉입니다. 이것이 자녀의 학습 효과를 올릴 수 있는 간단하지만 중요한 방법입니다.

80점을 받는 아이에게 90점이라는 목표는 100점의 목표보다 할 수 있을 것 같은 희망과 '해보자' 라는 의욕을 갖게 합니다. 여기에 '넌 할 수 있어'라는 긍정의 메시지를 준다면 생각보다 좋은 결과가 나옵니다. 극단적인 기대와 부정적인 사고는 자녀에게 비난과 지적으로 변질되는 경우가 많기 때문에 더욱 주의해야 합니다.

부모가 기대하는 것이 있다는 것은 자녀에게 힘이 됩니다. 그만큼 자신에게 관심이 있고 인정한다는 의미로 받아들이기 때문입니다. 그래서 자녀를 자극해줄 만큼의 적절한 기대와 긍정적 피드백은 학습의 충분한 동기가 됩니다.

8. 학습에 관한 이야기는 가능하면 짧게 해라

학습을 하는 데 가장 큰 적은 공부만 하고 있다는 지겨움과 지침입니다. 아이들은 하루 종일, 일주일 내내, 한 달 내내 공부만 했다고 생각합니다. 사실 깨어 있는 시간의 극히 일부만 공부하는 경우가 더 많은데도 말입니다. 그런데도 자녀가 그렇게 느끼는 것은 주변에서 공부 이야기 말고는 다른 이야기 하지 않기 때문입니다. 부모와의 대화도, 친지를 만나도 성적에 대한 이야기만 합니다. 학교와 학원에서 대부분을 보내는 것도 마찬가지입니다. 실제로 학교에서 자는 아이들도 많고 학원에서 시간을 죽이면서 보내는 아이들이 많습니다.

저는 두 아이와 많은 공인시험을 치뤄보았습니다. 영재원 시험을 보고 나면 대부분의 엄마들은 시험을 보고 나오는 아이에게 "시험을 잘 봤니? 어떤 문제 나왔니?" 등을 집요(?)하게 물어봅니다. 대부분의 아이들은 대답도 안 하고 표정도 밝지 않습니다. 아이들은 부모가 공부 이야기를 하면 그 시간도 공부하는 시간으로 생각합니다. 그런데 자녀가 스스로 공부와 학습에 관한 이야기를 하면 공부시간으로 생각하지 않습니다. 실제로 시험을 보고 나온 아이에게 시험에 대해 묻지 않으면 대부분의 경우 스스로 자세히 설명합니다.

학원에서 수업을 끝내고 온 자녀에게 무엇을 공부했고, 열심히 했는지 같은 질문은 자녀에게 학원의 연장이라는 느낌만 줄 수 있습니다. 그런 질문보다는 "뭘 먹고 싶니? 맛있는 거 사줄까?", "주말에 뭐하고 놀거니, 친구 ○○는 같이 안 노니?" 등과 같이 자녀가 하고 싶은 주제로 이야기를 하는 것이 더 좋습니다.

학습의 또 하나의 목표,
자기주도 삶

많은 청소년과 20대 성인의 상담을 하다 보면 가장 안타까운 점이 스스로 하는 능력이 부족하다는 것입니다. 지금의 청소년은 더 많은 정보에 노출되고, 고급 지식도 더 많이 알고 있으며, 더 오랜 시간 공부하는데, 스스로 공부하는 것에는 취약합니다. 최고의 명문고를 다니고 전교 1등을 해도, 명문대를 입학하고 누구나 부러워하는 직장에 다녀도 스스로 계획하고 성취하는 기쁨을 모르고 두려워합니다. 물론 이것을 사교육 탓으로 돌릴 수도 있지만, 그 이유만으로는 부족합니다.

고등학생들은 학원에 가는 것을 힘들어 하면서도(실제로 성적에 전혀 도움이 안 된다고 말하면서도) 마치 학원에 중독이 된 모습을 보입니다.

"그래도 학원엔 가야할 것 같아요."

"지금 과외를 그만 둘 수는 없어요."

이런 말을 하는 아이들을 보면 안타깝습니다. 이런 학생은 성적이 하위권인 경우도 있지만 중학교, 고등학교 내내 전교 3등 이내의 성적을 유지하는 경우도 있고, 특목고에서 나름 좋은 성적을 유지하는 학생도 있습니다. 그런데도 누군가에 의지해야 공부를 할 수 있다고 생각하며 혼자 공부하는 것에 대한 두려움을 가지고 있습니다. 우리가 오랜 시간 공부를 하는 것은 대학이라는 목표를 이루기 위함도 있지만 성인으로서 스스로의 인생을 일궈나갈 수 있게 하려는 것입니다.

대학생 자녀가 "어떻게 공부해야 할지 모르겠어요."라고 한다면, 혹은 남이 시키는 것만을 하고 있다면 청소년 시기에 아주 중요한 것을 얻지 못했기 때문입니다.

자기주도 학습은 어렵고 추상적인 것이 아닙니다. 스스로 연구하고 고민하는 과정이 자기주도 학습의 시작이며 가장 중요한 요소입니다. 내원하는 초등학교 저학년 아이들부터 고등학교에 다니는 자녀까지 그들의 학습방식을 보면 배우기만 했지, 스스로 체화하거나 더 나아가 연구하는 시간이 너무 부족합니다. 계속 배우기만 할 뿐입니다.

한 시간 강의를 들었다면 스스로 복습하는 시간은 1시간 이상이어야 하고, 여기에 추가로 고민하고 연구하는 시간도 1시간 이상이어야 합니다. 간혹 복습은 하지만 연구하는 시간은 대부분이 부족합니다. 자기주도 학습을 가르치는 학원도 있고 인기도 있지만, 자기주도 학습은 유소년기에 만들어지는 독서습관과 청소년기에 스스로 연구하는 습관으로 완성될 수 있습니다.

자기주도 학습이 공부의 방점을 찍는다

최소한 선생님의 설명만 열심히 들어도 어느 정도의 성적은 나올 수 있습니다. 그런데 어느 정도 오르고 나면 정체되는 기간이 오는데, 그 원인 중 중요한 하나는 자기 스스로 연구하는 시간이 부족하기 때문입니다. 이것은 하위권이 중위권으로, 또는 중위권이 상위권으로 도약하는 데 꼭 필요한 과정입니다.

수학에서 킬러문제를 만나면 일반적으로는 스스로 풀다가 모르겠으면 해답지를 보고, 강의를 듣고서는 마치 아는 것처럼 넘어갑니다. 이것은 국어와 영어도 마찬가지입니다. 모르는 문제가 나오면 잽싸게 해답지를 봅니다. 대부분의 경우 이해가 됩니다. 수학과는 다르게 영어와 국어는 이해가 쉽습니다. 강의를 듣고 넘어갑니다. "아, 맞네. 이거야." 그러나 이런 방식의 공부는 한계가 있습니다.

먼저 틀린 문제에 대해 스스로의 연구과정이 필요합니다. 대부분의 경우 이 과정을 대충 넘어가는데, 지루하고 힘들기 때문입니다. 또 진도를 나가고 많은 문제를 푸는 것이 실력을 향상시킨다는 잘못된 생각을 하기 때문입니다. 가장 중요한 것은 스스로 연구하는 습관입니다.

그리고 국어와 영어의 경우 자신이 택한 답이 왜 틀렸는지 설명할 수 있어야 합니다. 스스로 설명할 수 있을 만큼 명확하게 기준을 세우는 과정이 있어야 합니다. 수학의 경우는 더 치열합니다. 21번 30번의 킬러문제라면 시간이 오래 걸리더라도 진도를 나가지 말고 연구하는 것이 좋습니다. 자신이 푼 과정에 대한 반성이 있어야 앞으로 비슷한 문제에서 똑같은 실수를 하지 않게 됩니다. 이런 과정이 없기 때문에 똑같은 실수(?)를 반복하게 됩니다.

구멍을 메우는 것이 자기주도 학습이다

사교육 덕분에 아이들은 3~4개월의 시간을 투자하면 어느 과목이나 한 파트는 쉽게 끝낼 수 있습니다. 영어 독해도 그렇고, 미적분도 마찬가지입니다. 문제는 강의를 듣고 아무 생각 없이 반복하다 보니 1년이 가고 2년이 지나도 부족한 부분은 여전하다는 것입니다. 이것은 이런 공부 습관을 만든 아이의 잘못도 있지만 부모의 잘못이 더 큽니다. 그저 학원 스케줄에 맞춰 자녀의 특성과 현재의 상태와는 관계 없이 공부를 시키기 때문입니다. 부모는 자녀에게 부족한 부분이 무엇인지 이야기 하고 다시 계획을 세우도록 도와주어야 합니다. 독해를 힘들어한다면 다시 공부를 시킬 것이 아니라 특히 약한 부분을 집중 공략해서 자신감과 성취감을 느끼게 해주어야 합니다. 미적분은 풀다보면 약한 부분을 알게 됩니다. 이것도 진도를 나갈 것이 아니라 부족한 부분을 메우고 완성시키려 노력하면 됩니다.

그렇다면 자녀는 부모를 신뢰하게 되고 스스로 문제를 더 파악하려고 할 것입니다. 자기주도 학습은 중요하지만 아이들은 잘 하지 못합니다. 그런데 자녀에게 충분히 고민할 시간을 주고, 이런 고민이 학습에 도움이 된다는 믿음을 준다면 누구나 할 수 있습니다.

자기주도가 행복을 주도한다

수 년 전에 스티븐 코비는 《성공하는 사람들의 7가지 습관》에서 '주도적인 삶이 행복을 준다'고 하였습니다. 나 역시 스스로 계획하고 성취하는 것이 행복의 중요한 요소라고 생각합니다. 실제로 내담자가 어느 정도 심리적 정서적 안정을 찾기 시작하면 서서히 자신만이 할 수 있는 일의 성취에 대해 이야기를 합니다.

주기주도적인 연습을 하는 시기는 청소년기이며, 연습의 매개체는 학습입니다. 청소년기에는 스스로 많은 것을 할 수 있을 것 같지만 생각보다 제약이 많습니다. 학교의 서클활동도 사실은 교사의 지시를 받아야 하며, 학교 규정에 따른 제약도 많습니다. 아르바이트를 하면 스스로 뭔가를 했다고 생각하겠지만 알바조차도 제약이 많습니다. 오히려 친구와의 관계와 학습을 통해 스스로 계획하고 진행하며 이루어 나가는 기쁨을 즐길 수 있습니다. '놀이' 파트에서도 청소년 자녀의 놀이가 친구와의 관계를 만들고, 스스로 계획하고 실행하는 연습이 된다고 말씀드렸지만 '학습' 또한 그렇습니다.

최근에는 '대2병'이라는 말도 있고, 청소년들이 결정능력이 부족하다는 통계도 있습니다. '2016 청소년 통계'에 따르면 청소년의 32%가 부모, 선생님의 결정을 따른다고 합니다. 그러나 상담을 하다 보면 32%는 오히려 적다는 생각도 듭니다. 30살이 된 성인도 스스로 직업을 선택하기보다는 부모가 정해준 직장에 다니면서 힘들어 하거나 불만을 터트리는 사람도 많습니다.

자기주도적인 경험이 없는 20살 청년에게 자기주도로 뭔가를 하라고 강요하는 것은 마치 걷기연습도 안한 아이에게 뛰라고 하는 것과 같습니다. 물론 대학에 가면 좀 더 자율적인 삶을 살 수도 있습니다. 그러나 우리나라처럼 장기간에 걸쳐 학업에 집중해야 하는 상황이라면 학습하는 과정을 통해 자기주도적인 연습을 시키는 것이 더 좋을 것 같습니다.

Part 4

대화하는 아이

화성인과 친구가 되다

치열한 사춘기는 건강한 성인을 만든다.

사춘기는 필요하다

사춘기의 방황은 기간과 정도의 차이는 있지만 대부분의 경우 건강한 성인이 되기 위한 준비의 시기이며 건강한 진통이다. 아기가 엄마 뱃속에서 자라 산고의 고통을 겪고 탄생하는 것과 비슷하게 지속적인 돌봄으로 유소년기를 지낸 후 청소년기에 이르러 자기 스스로의 인생으로 나아가기 위한 진통이라고 볼 수 있다. 두 아이와 함께한 사춘기는 유소년기와는 다른 모습으로 우리를 힘들게 했고 때론 감동시키기도 했다.

많은 부모들이 우리와 같은 생각을 하고 비슷한 어려움을 겪으면서 어떻게 해야 할지 몰라 힘들어 한다. 이번에는 청소년들과의 많은 대화와 상담을 통해 알게 된 청소년에 대한 이해와 부모 역할에 대해 이야기해 보고자 한다.

폭풍 속으로

영재학교에 합격한 그해 말부터 희망이와 아빠 사이가 많이 벌어졌다. 아이와 지낸 18년 중에 가장 사이가 안 좋았다. 중학교 2학년 말부터 시작된 사춘기는 영재학교라는 큰 목표 때문에 억눌려 있던 것이 합격하면서 여러 가지 감정으로 분출되었던 것 같다.

상담을 하다보면 아빠와 아들의 사이가 어색하고 힘든 경우를 많이 보게 된다. 이런 때가 온다 해도 서로간에 신뢰가 있다면 크게 고민할 필요는 없다. 문제는 유소년기에 신뢰가 형성되지 않은 자녀는 청소년기를 기점으로 관계 회복이 어려워지기도 한다는 것이다.

이 시기에는 자녀를 어린 아이로 취급하지 말고, 친구처럼, 혹은 인생의 선후배로서 아들의 지위(?)를 격상해 주는 태도가 좋다. 말은 쉽지만 행동으로 옮기는 것은 쉽지 않다. 이 시기의 자녀는 경제적, 사회적인 책임을 질 수 있는 능력은 부족하면서 그와 비슷한 대접을 받으려 하는 성향이 있기 때문에 부모와 부딪히게 된다. 그런데 자녀는 부모로부터 인정을 받으면서 책임감도 서서히 커지는 것 같다.

굳이 뇌 과학에서 말하는 사춘기 뇌의 특성을 말할 필요도 없이 사춘기는 모든 것들이 다 문제가 된다. 사실 무얼 해도 마음에 드는 것이 없는 때이이다. 희망이와 대화를 계속하지만 전 같이 않고 자주 의견 충돌이 생겼다.

아빠도 힘든 사춘기를 겪은 기억이 있어 이해는 하지만 가끔 '저 놈은 더 해.'라는 말이 나오려고 한다. 사실 희망이는 아빠보다 훨씬 착하다. 자기하곤 비교가 되지 않는다는 것을 아빠는 알고 있다. 그래도 속이 상하는 것은 어쩔 수 없다.

처음엔 방황과 반항으로 대변되었다. 그때는 물리조차도 싫어했다. 뭐가 좋은지 모르겠다고 하고, 또 뭐든지 반대로 했다. 조금만 충고를 하면 입을 닫고 지냈다. 이런 시기가 지나자 이제는 철학자가 되었다.

희망이의 정서적 불안정은 곧바로 학습에 영향을 미쳤다. 중학교 3학년에 시작한 고등부 올림피아드 준비는 점점 어려워져 갔다. 여름과 가을에 두 번의 시험을 보았는데, 역시 성적은 잘 나오지 않았다. 시험은 쉬운 객관식 문제가 나오는데, 희망이는 어려운 주관식 문제에만 매달렸다. 당연한 결과다. 학교 내신도 중상 정도로 유지되었다. 문제는 앞으로의 계획도 없고 하려고 하는 의지도 없다는 것이다. 그러다 보니 물리를 전공하겠다는 의지도 약해졌다. 화학이나 공대와 같은 실질적인 학문을 하면 어떨까 하는 생각에다, 다른 분야에 대한 책을 보거나 아예 전혀 다른 분야(심리, 철학, 정치)에 관심을 가지기도 했다. 아빠가 보기에 시간이 해결해 줄 것이고, 스스로 결정해야 하는 문제였지만 당시에는 방황의 끝이 어딘지 알 수가 없었다.

사춘기의 방황과 반항은 주변관계에도 나쁜 영향을 미친다. 아빠와의 관계도 좋지 않았지만 다른 가족과도 좋은 관계를 유지하기 힘들었다. 친구들과도 소원해지고 사소한 다툼도 많았다. 결국은 악순환의 반복처럼 점점 모든 것이 나쁜 방향으로 흘러갔다.

그해 여름은 뜨거웠다

사춘기 자녀 양육은 어느 가족이나 마찬가지로 어렵다. 만약 당신의 자녀가 너무 착하다면 오히려 그것이 더 문제일 수도 있다. 모든 가족에게 있는 어려움이고 또한 슬기롭게 헤쳐나가야 한다. 사춘기 문제의 해결은 대화가 중요한 수단이 된다. 비난하거나 지시하는 대화가 아니라 서로의 의견을 듣고, 시간을 가지고 생각하며, 다시 서로의 의견을 절충하는 과정이 필요하다. 생각보다 긴 과정이다.

부모에게 가장 필요한 것은 인내다. 자신의 말이 옳고 자녀의 말과 행동이 그르다는 이유로 무조건 부모의 의견을 따르라고 하거나 혼내는 방법으로는 자녀의 정서적 안정을 기대하기 힘들다. 옳은 말이라고 최선은 아니다. 청소년 자녀와의 대화의 바탕에는 신뢰가 있어야 한다. 신뢰는 최소한 '이 사람이 내편이다'라는 마음이다. 신뢰는 갑자기 형성되는 것은 아니다. 유소년기의 경험을 바탕으로 형성되어 간다.

상담 오는 부모들 중에는 초등학교 때까지는 아이들과 잘 지내다가 갑자기 중·고등학교에 와서 자녀와 사이가 멀어졌다고 하는 경우가 많다. 대체적으로 분석해 보면 유소년기에는 대부분 유치원, 학교, 그리고 학원에 바빠서 실제로 아이와 지내본 적이 별로 없었던 경우가 많이 있다. 그래서 실제적으로 신뢰라는 정서가 쌓일 시간도 부족했고, 생각보다 대화도 적었던 것이다.

청소년기만을 놓고 보면 유소년기와는 다르게 부모와 무엇이든지 서로 상의해야 한다. 아이에게 선택할 수 있는 기회를 자주 주고, 또 가끔은 무심히 지켜보는 경우도 많아지게 된다. 해주고 싶은데 참고 지켜보는 것도 인내다. 좋은 부모가 되는 것은 어렵다.

2학년 여름 방학에 희망이의 사춘기는 절정을 향하고 있었다. 아빠와는 이틀에 한 번 정도 저녁에 산책을 나갔다. 짧게는 30분에서 길게는 3시간 이상의 대화를 나눈다. 한 군데 앉아서 이야기를 하는 것이 아니라 양재천과 강남 구석구석을 돌아다니면서 이야기 한다. 주제는 무엇이든지 관계가 없다. 내신, 물리 올림피아드, 과제 연구로부터 미래에 하고 싶은 분야, 여자친구 이야기도 했다. 철학에 대한 이야기도 하고 가치관에 대해서도 서로의 의견을 말했다. 가끔은 화가 나서 금방 집으로 돌아오기도 하고 삐쳐서 말 없이 그냥 걷기도 했다. 희망이의 이야기만 3시간 내내 듣기도 하고, 아빠가 말을 더 많이 하기도 했다. 그리고 8월 마지막 즈음에는 서로의 의견을 이해하고 모아 나갔다.

아빠는 극단적으로 "네가 벼랑으로 차를 몰고 가더라도 마지막에 너의 옆자리에는 내가 있을 거다."라고 말했다. 그리고 무엇을 결정하든 고등학교를 마칠 때 '후회하지 않고 멋있게 했다'라고 말하기를 바란다고 말해주었다.

희망이는 아직도 자신이 원하는 미래의 모습이 무엇인지 자신 있게 말하기 힘들어한다. 그렇지만 한 가지도 포기하지 않고 해보겠다고 했다. 희망이는 내신, 올림피아드, 과제 연구, 연극 모두를 하고 싶어했다. 아빠는 그중에서 두 가지만 집중하기를 원했지만, 결국 우리는 네 가지 모두를 하기로 했다. 그해 여름은 더웠고 희망이의 사춘기는 정리되고 있었다.

부모들과 자녀의 사춘기에 대해 이야기를 하다 보면 '대화'는 아주 중요한 주제가 된다. 어떤 아빠는 한 번의 대화로 할 만큼 했다고 큰소리를 치는 사람도 있다. 또 부모들은 대화의 테크닉과 자녀에게 호감을 얻을 수 있는 말과 단어를 요구하기도 한다. 물론 단어의 선택도 중요하고 사춘기 자녀와의 대화의 방법도 중요하다. 그런데 가장 중요한 것은 꾸준함이다. 대화는 한 번, 두 번이 아니라 수 없이 많이 해야 한다. 우리 세대는 부모와 오랜 시간 대화를 해본 적 없이 자랐다. 부모의 의견을 듣는 것이 대화의 전부인 경우도 있다. 그러니 더 자녀와의 대화를 힘들어하는 것이다. 의견을 교환하고 조절하는 법도 모르고 잘 하지도 못한다. 천천히 매일 하다보면 내년에는 더 깊은 대화를 할 수 있을 것이라는 마음으로 지금 바로 시작하면 좋다.

막장

희망이의 고등학교 시절 중요한 두 가지 키워드는 '물리'와 '연극'이다. 희망이가 영재학교에 입학하기 전부터 들고 싶었던 클럽은 '막장'(막과 장 사이)이 아니었다. 올림피아드를 준비할 수 있는 클럽은 여지없이 실패했다. 본인의 말로는 신입생 중에 5번 지원하고 모두 떨어진 것은 자기뿐이라고 했다. 정말 막장에 '막장'이 되었다.

"정말 잘됐다. 매일 공부만 하는데, 또 국대국제 물리 올림피아드 대표만 보고 공부하는 것보다 너에게 새로운 경험이 될 거야."

남편은 매우 긍정적이다. 우리 집에는 이런 속담이 있다.

'아빠가 큰일이라면 정말 큰일이다.'

12월에 있는 '천년제'에서 '막장'은 연극 공연을 하기로 했다. 아이의 방황과 연극 연습은 내신과 올림피아드에 기대에 못 미치는 결과를 가져왔다. 사실 속으로는 많이 속상했지만 (중학교 내신도 엉망이었다.) 지금 아무리 성적이 나빠도 중학교 때보다는 좋다고 위안했다. 그리고 이제는 믿는 마음이 불안한 마음을 이기고 있었다.

아이의 연극을 보러 갔다. 아이의 성격을 알기 때문에 사실 별 기대를 하지 않았다. 연극을 보는 동안 혹시 실수라도 할까봐 마음을 졸였다. 연극이 끝나고 나서는 눈물이 나오려고 했다.

'정말 저 아이가 내 아들인가, 너무 멋있다.'

너무 감동적이었다. 귀찮게 여기까지 온 것도, 연극 때문에 성적이 나빠진 것도 전혀 생각나지 않았다. 내 아이가 큰 소리로 대사를 외우고 진짜 배우처럼 연기를 하고 관중을 즐겁게 하는 모습을 처음 보았다. 사랑이였다면 당연하게 여겼을 테지만, 지금 무대에 있는 아이는 희망이다. 이 넓은 강당에, 이 많은 사람들 앞에서 희망이가 떨지도 않고 연극을 한다니, 그때의 감동은 말로 표현하기 힘들다. 거의 1년간 자랑을 하고 다녔다.

'막장'은 희망이의 고등학교 생활에서 매우 중요한 사건이며, 고등학교 생활 그 자체였다. R&E Research & Education와 과제연구 등을 통해 친구들과 같이 연구하고 대학 교수님들도 만나고 하지만, 그것은 학습의 연장인 셈이고, 연극은 공부와는 무관한 일이다. 친구, 선후배들과 연습을 하고 무대를 꾸미고 그 밖의 잡일도 한다. 이런 경험은 희망이에게는 새로운 것이였고 어쩌면 가장 필요한 일이기도 했다. 잘 맞지 않아서 힘든 것도 많았고 혼자 속상해 하기도 했다. 생각보다 연극 연습이 잘 되지 않아 고민도 많이 했다. 그래도 포기하지 않고 당당히 무대에 오른 것이다.

대학에 진학해서도 희망이는 '막장'에 대한 자부심을 가지고 있었다. 열심히 했고 너무나 훌륭한 서클이었다는 것이다. 시간이 지나 '막장'은 영재학교에서 메인서클의 위치에 올랐다. 희망이는 누구보다 기뻐했다.

난 연극배우다

대학로에 연극을 보러 갔다. 가족 모두 같이 연극을 본 것이 얼마만인지 모르겠다. 희망이는 배우로, 우리는 희망이를 보러갔다. 희망이는 서울대에 합격한 후에 '막장' 선배들과 하는 연극이다. 대학에 입학하기 전 두 달동안, 아마도 마지막 연극일 거라면서 힘이 들어도 하겠다고 했다.

우리는 아이를 잘 안다. 학교에서 한 연극이 잘 됐다고 실제 연극 무대에서도 잘할 거라고 생각하지 않았다. 더구나 친구들과 하는 것과 선배들과 하는 것은 다르다. 예상대로 준비하는 1달 반 동안 아이는 많이 힘들어 했다. 생각보다 잘 안 되어 힘들어 했다. 학교 무대에서 학부모를 대상으로 하는 것과 쟁쟁한 선배들과 대학로에서 돈을 받는 연극무대에 올라가는 것은 다르다. 프로는 아니지만 고등학교 때와는 수준이 달랐다. 매년 겨울은 공부와 연극이라는 선택이 기다리고 있었다. 아이는 둘 다 선택했고, 자신의 의지대로 했다. 보기에 안타까운 한 달의 시간이 갔다.

'너가 선택한 것이니 후회 없이 해라.'

다행히 아이는 갈수록 기운을 내고 슬럼프에서 벗어나는 것 같다.

희망이는 자신 때문에 연극이 망칠까봐 걱정하고 있었다. 아빠가 문자를 보냈다.

"너 없으면 못 올리는 연극이다. 너 아니면 누가 그 역을 맡아서 할 수 있겠니? 너의 선배들은 너에게 감사해야 해, 왜? 마지막 연극 너 때문에 할 수 있게 됐으니까. 그리고 아마 연극 너 때문에 무지하게 재미있게 끝날 거다. 즐겁게 해라."

아빠 말에 기운을 얻었는지 아이는 막바지 연습에 더 힘을 냈다.

대학로에 있는 '꿈꾸는 공작소'라는 곳에서 하는 데이비드 어번David Aubum 원작의 'Proof'라는 연극인데, 희망이는 조연의 '헬' 역할을 맡았다.

이틀간 네 번의 공연을 한다. 우리는 첫날 첫 공연을 보기로 했다. 너무 사람이 안 오면 안 된다는 아이의 말 때문에 아이들 고모들에게도 꼭 오라고 연락을 했다. 남편은 무덤덤하다. 사랑이는 들떠서 오전 내내 기분 좋은 얼굴이다. 그런데 내 마음은 불안했다. 혹시라도 공연을 하다가 실수하거나 웃음거리가 되면 어쩌나 하는 마음에 걱정스러웠다.

불이 꺼지고 막이 올랐다. 10분 정도가 지나자 희망이가 등장한다. 그 다음은 어떻게 시간이 가는지 모르겠다. 정말 너무 좋다. 뭐라 표현하기 힘들지만 정말 감동적이었다. 희망이는 연극이 끝나고 친구들과 사진 찍고 악수하느라 정신이 없다.

나는 아이가 연극에 재능이 있다고는 생각하지 않는다. 그래도 열심이 준비해서 또 다른 모습을 보여 준 아이가 너무 자랑스럽다. 사실 희망이와 연극은 어릴 적부터 잘 어울리는 조합은 아니다. 연극은 항상 중요한 시험과 겹쳐서 아이를 힘들게 했다. 물론 부모의 생각이지만 아이 역시 육체적, 정신적으로 힘들어 했다. 이번 연극을 준비하면서도 역시 힘들어 했다. 그래도 본인의 선택이고 최선을 다했다. 두 가지를 동시에 진행하면서 최선을 다하는 과정에서 아이가 부쩍 큰 것은 사실이다. 정신적으로 많은 성숙을 가져온 것이다. 그래도 나는 마음속으로는 이렇게 말한다.

'이제 하나만 집중해서 해다오.'

엄마들은 자녀에 대해 너무 과장하거나 쓸데없이 자랑을 많이 한다. 나 역시 다르지 않다. 그런데 희망이 이야기를 할 때 영재학교에서 공부 잘 한다는 것보다는 연극을 잘하는 아이라는 자랑을 더 많이 한다. 연극하는 희망이가 더 대견해 보였다.

알에서 깨다

브라질 땅콩

'브라질 땅콩'이라는 이 단어는 희망이가 영재고 1학년 때 첫 등장했다. 물리 올림피아드 여름 학기가 끝나고 희망이가 심각하게 이야기를 꺼냈다. 아이가 많이 방황하고 있는 시기여서 아빠는 가능하면 어떤 이야기나 들어주고, 가능하면 긍정적인 대답을 할 준비가 되어 있을 때였다. 하지만 아직은 올림피아드나 국가대표에 대한 꿈도 있고 학교 내신이나 장래의 직업에 대한 상의도 해야 하는데, 처음 듣는 '브라질 땅콩'은 황당했다.

"아빠 내가 요즘 한 10가지 주제에 대해 연구를 하고 있어."

한편은 황당스럽고 대견하기도 했다. 그날은 강남구 절반을 돌아 다녔다. 어두운 저녁이고 약간 쌀쌀한 가을이었다. 아이는 그 이후로 1년 이상 '브라질 땅콩'에 대해 이야기 하였다. 가끔은 마치 대단한 발견을 한 학자처럼 들뜨기도 했고, 또 자신의 한계에 대해 실망하면서 침울해 하기도 했다.

처음 듣던 그날 아빠의 마음은 여러 갈래였다. 비록 아이가 좋아하는 연구라도 지금은 내신과 올림피아드에 집중하는 것이 더 도움이 되지 않을까라는 생각이 들었지만, 좋아서 흥분하고 있는 아이에게 냉정하게 이야기 하지 못했다. 아이는 1학년 때 과제연구가 마음에 들지 않았고, '브라질 땅콩'으로 2학년 과제연구를 하리라고 마음 먹고 있었다.

희망이는 흥분하면 앞뒤를 재지 못한다. 그것은 아이의 장점이자 단점이다. 연구를 하거나 공부하는 데 그만한 장점은 없을 것이다. 집중하고 몰두하니 몸 상태만 좋다면 멈추지 않는다.

'브라질 땅콩'효과란 레미콘이나 캡슐 약에 사용되는 물리적 현상을 연구하는 것이다. 네 가지 이론이 있고, 아이는 그중에서 두 가지를 응용하거나 이용하여 논문을 쓰려고 한다.

내가 한 번도 들어보지 못했던 이 이론을 설명할 수 있는 것은 그만큼 아이와 많은 대화를 했기 때문이다. 아이들과 대화할 때는 잘 알지 못해도 나름의 의견을 내놓아야 한다. 자녀와 제대로 된 대화를 하려면 부모의 의견을 솔직히 이야기해야 한다. 다만 그것이 비난과 지적으로 느껴지게 해서는 안 되며 관심이 느껴지도록 해야 한다. 아이의 이야기를 잘 듣다보면 특별히 그것에 대한 지식이 없어도 의견을 내놓을 수 있다. 간단한 질문이나 의견은 아이를 흥분시키고 즐겁게 만든다. 대단한 조언은 필요 없다. 아이가 느끼는 부모의 관심이 중요한 것이다.

'브라질 땅콩' 이야기를 처음 꺼냈을 때 아빠의 첫 질문은 "왜 브라질이야?"였다. 바로 여기서 대화가 시작된다. 아마 많은 부모들은 여러 가지 걱정으로 대부분 이렇게 말할 것이다.

"지금이 그거 할 때니. 올림피아드는 어쩌고, 내신은 어쩌려고 그래?"

아빠는 희망이와 브라질 땅콩 이야기뿐만 아니라 올림피아드와 내신, 진로에 대한 이야기도 놓치지 않았다. 아이는 아빠와 대화하기를 꺼려하거나 피하지 않았으며 오히려 더 많은 이야기를 하려 하였다. 이유는 간단하다. 아이가 하고 싶었던 이야기가 먼저 충족되었고, 그래서 부모의 이야기도 들어줄 수 있었던 것이다. 본인의 이야기가 계속 비판받고 조롱 받는다면 세상 누구도 대화를 계속 하려하지 않을 것이다.

희망이는 처음에 왜 '브라질'이라는 이름이 들어가 있는지를 생각해 보지 않았다. 그런데 아빠가 물어보니 당황도 되고 관심을 받고 있다는 생각에 기분이 좋아졌다. 그리고 아이는 다시 대화를 기다린다. 아마 '브라질'이란 이름의 배경을 공부하고 올 것이다. 아빠에게 설명해 줄 생각에 연구하고 공부하는 것이 더 재미있어질 것이다. 단기적인 확실한 목표가 생겼기 때문이다. 자녀와의 대화는 이렇게 하는 것이다.

유소년기 아이와의 대화와 사춘기 아이들과의 대화는 달라야 한다. 이런 점에서 아빠는 아이들과 대화가 잘 되는 편이다. 훈계와 조언이 없을 수는 없지만 마치 같은 연구를 하는 친구나 동료와 같은 입장에서 대화를 하려고 한다. 이런 태도는 사춘기 자녀와 대화에도 도움이 된다. 사춘기의 아이들은 어디로 튈지 모르는 럭비공 같다. 부모는 항상 준비하고 있어야 한다.

유소년기 때 아이들과 즐겁게 놀아줄 수 있었던 부모는 사춘기 아이들과도 대화를 잘 할 수 있다. 형태만 바뀌었을 뿐이지 노는 것과 대화하는 것은 같다. 놀이든 대화든 아이가 느끼기에 즐거워야 한다.

'브라질 땅콩'은 희망이가 본인 선택으로 다른 길을 선택한 경험이다. 물론 선택에 대한 결과도 본인의 책임이다. '브라질 땅콩'에 대한 아이와의 대화는 1년 이상 계속 되었다. 2학년 과제연구 주제는 '브라질 땅콩'이 선택되었다. 친한 친구와 함께 연구하기로 했다.

알에서 깨다

희망이의 학창시절 12년을 돌아보면 대부분 자신의 방법대로 열심히 공부했다. 그래도 가장 치열했던 시간은 고등학교 2학년 가을이다. 스스로도 가장 치열하고 무섭게 공부한 시간이었라고 평가한다. 또 공부뿐 아니라 자신이 원했던 연극도 치열하게 했다.

희망이는 여름 방학에 다시 도전한 KPHO고등 물리 올림피아드의 여름 학기에서 시험을 망쳤다. 또 1학년과 2학년 1학기 내신 성적도 중상 정도에 머물렀다. R&E Research & education 준비도 제대로 하지 못한 상태에서 2학기가 시작되었다. 다행히 방학동안 정서적으로 많이 안정되었다. 아빠와 아들은 여름에 충분한 대화를 했고 후회 없는 목표를 정했다.

우리는 네 가지 목표를 정하고 최선을 다하기로 했다. 첫째, 내신 성적을 all A+를 받자. 둘째, '브라질 땅콩'을 완성시키자. 셋째, 국대국제 물리 올림피아드 대표에 도전하자. 넷째, '막장' 연극도 최선을 다하자. 이렇게 목표를 잡긴 했지만 아빠는 은근히 걱정이 되었다. 한 가지도 하기 쉽지 않은데 너무 많은 목표로 아이가 포기하지 않을까 하는 걱정이다.

9월에 시작된 둘만의 약속은 다음 해 1월까지 갔다. 희망이는 거의 매일 하루 4시간 이상 수면을 취하지 못했다. 매일 코피가 났고, 하루 24시간을 1시간 단위로 계획을 세웠다. 저녁 12시가 넘어서 2시간동안 내신 공부를 하고, 친구를 깨워서 '브라질 땅콩' 실험을 하고, 다시 올림피아드 공부를 하고, 4시가 넘어서 잠을 자면 6시 30분에 기상했다. 낮에는 내신과 올림피아드 공부를 병행했고, 틈틈이 잠을 자면서 연극 연습도 참가했다. 연습 중간에 시간이 되면 다시 공부를 했고, 밤에는 실험과 공부를 2시간 단위로 바꾸면서 진행했다.

과정은 순탄치 않았다. 실험은 계속 오류가 발생했고, 올림피아드 준비는 생각보다 양이 많았다. 틈틈이 아빠에게 전화를 해서 이런저런 이야기도 하고 조언도 구했다. 목표를 정하면 둘은 손발이 척척 잘 맞는 편이다. 희망이는 아빠와 같이 한다는 것만으로도 충분히 위로를 받았다.

겨울이 되면서 내신성적은 원하던 결과가 나왔다. 졸업할 때까지 거의 A+의 성적을 유지했다. 연극도 성공적이었다. 1학년과는 달리 중요 배역은 아니지만 단역을 소화하고 후배들을 잘 이끌어 호평을 받았다. 아이가 동료와 같이 실험을 하면서 겪는 많은 갈등과 시련으로 배운 것도 많을 것이다. '브라질 땅콩'은 고등학교 물리 페스티발에서 장려상을 받았고, 서울학생탐구발표 대회에서 특상을 받았다. 덕분에 졸업 논문이 면제되어 이중의 기쁨을 누렸다. 겨울에 올림피아드 2차 시험에서도 성공했다. 여름과 합산을 해서 '겨울학교'라는 예비 국가대표에 뽑혔다. 최종적으로 국가대표는 되지 못했다.

2학년의 이 6개월은 희망이에게 많은 선물을 주었다. 단지 눈에 보이는 성과를 말하는 것이 아니다. 혼자 공부하는 것보다 다른 사람과 어울려서 무언가를 이루는 방법에 대해 조금은 알게 되었다. 또 동시에 여러 가지를 혼자 해나가는 연습도 했다. 목표를 위해 조금은 무리한 계획이지만 실천하는 노력도 했다. 밤을 새워 공부를 하고 쪽잠을 자면서도 스스로가 충분히 할 수 있다는 자신감을 가지게 되었다. 이 이후에 또 다른 어려움이 오더라도 걱정보다는 자신감을 가지고 할 수 있을 것이다.

적당한 거리두기

부모 상담을 하다보면 많이 하는 질문 중 하나가 "그럼 부모의 역할은 어디까지가 적절합니까?"라는 것이다. 물론 다양한 가정환경과 개인적인 성격과 성향이 다르기 때문에 정해진 것은 없다. 그렇기 때문에 상담에서는 그 가족에 맞는 정도의 범위를 말씀드린다.

극단적인 두 가족이 있다. 부모는 고등학교에 다니는 자녀의 20대까지 모든 계획을 이미 세워 놓았다. 자녀는 무기력증에 빠져 있다. 그 아이는 연수와 캠프도 부모가 정한다. 어느 대학을 가고, 어디도 유학을 가고, 그 다음엔 무엇을 할지도 정해놓았으며, 직업도 정해져 있다. 반대로 다른 가족은 극도로 무관심한 형태를 보인다. 자녀가 지금까지 자라면서 겪은 많은 일과 지금의 상태를 내가 부모에게 알려줄 정도이다.

그렇다면 부모는 청소년 자녀의 일상과 학업에 어느 정도 개입하는 것이 좋을까? 일단 진로에 관한 것은 자녀의 선택이 가장 중요하다. 나머지 일상은 서로 대화를 통해 정하면 된다.

아이의 정서적인 부분은 어떻게 하는 것이 좋을까? 우리의 입장에서 먼저 생각해 보자. 우리는 일과가 끝나고 나면 동료와 친구 그리고 가족에게서 위안을 받기를 원한다. 나 역시 저녁에는 남편과 이야기를 하며 하루의 피로를 푼다. 부부가 자신의 정서에 상대가 얼마나 공감을 하는가가 부부 관계의 척도가 되는 경우가 많다.

두 아이는 시시콜콜한 이야기를 문자로 보내거나 하소연하곤 한다. 이런 이야기를 들어주는 것은 적절한 개입으로 보인다. 또래와의 소통 못지않게 부모와의 소통도 중요하기 때문이다.

뉴턴처럼

미래에 대한 두려움은 누구나 마찬가지이다. 가보지 않은 길에 대한 동경과 상상도 있지만 예상되는 어려움이 점점 증가할수록 누구나 초조하고 걱정이 생길 수밖에 없다. 청소년에게는 그런 마음이 더 크다. 그러나 젊기 때문에 걱정과 불안을 헤쳐 나갈 수 있는 것이다. 만약 거기에 부모가 도움이 되어주지 못하고 걱정과 불안을 가중시키면 안 된다. 든든한 후원자와 친구가 되어주어야 한다.

마음속으로는 희망이의 의견을 100% 따라 주기로 마음먹었고, 사실 아빠는 희망이 편이다. 요즘은 물리학과로의 진로에 대해 탐색하고 있지만 아이의 최종적인 결심을 듣고 싶다. 희망이를 아는 사람들은 아빠처럼 의대에 진학하라고 충고한다. 현실적으로 그 길이 더 편하다고 한다. 어쩌면 그것이 아이의 인생에 더 이익일 수도 있을 것이다. 그러나 더 좋은 것이 행복한 것은 아니다. 그리고 선택은 희망이의 몫이다.

올해는 겨울 날씨가 그리 춥지 않아 산책하면서 이야기하기가 수월하다. 희망이는 물리학의 미래와 남아있는 과제, 그리고 자신이 하고 싶은 분야에 대해 나름대로 설명하려고 애쓴다. 가끔은 흥분하여 물리가 얼마나 위대한 학문인지 말하며, 모든 사람이 물리를 좋아했으면 한다고 한다.

양재천에는 색소폰 연주를 하고 있다. 아이와 둘이서 음악 감상을 해 본다. 바람도 시원하다. 머지않아 봄이 찾아오리라. 음악이 끝나고 아이가 다시 말을 꺼낸다. 말을 하지 않을 때는 무뚝뚝한데 하기 시작하면 수다쟁이가 된다.

"물리를 해서 뭘 하고 싶어?"

"응, 그러니까…."

아이가 뜸을 들인다.

"한 마디로 뭐야?"

"어, 그러니까…. 뉴턴처럼 평생 공부하고 연구하고 싶어. 기초물리를."

잠깐의 침묵이 흐른다.

"알았다. 다 좋다. 뉴턴처럼 평생 공부하고 연구해라. 대신 마지막 글자는 '행복하게'로 바꿔라."

"그래, 행복하게."

"그래, 아빠로서 하는 말이다."

"알았어. 생각해 보고."

희망이는 자신의 뜻을 얘기했다. 우리는 친구처럼 아이가 가는 길을 지켜보고 응원할 것이다. 희망이는 양자역학에 큰 흥미가 있다. 아주 어릴 적 물리 이전에 천체에 대해 관심이 있을 때부터 잘 알지도 못하는 '초끈이론(super-string theory)'을 이야기 하곤 했다. 그때는 이름만 알았지만 지금은 조금씩 알아가고 있는 단계일 것이다.

요즘엔 구글에서 보어Niels Bohr의 논문을 다운 받아 공부한다. '노벨에세이'라는 대회 준비를 위해서라지만 그냥 하고 싶어서 하는 것 같다.

"1900년대는 정말 물리학의 전성시대 같아. 하나의 논문에 참고 문헌만 보더라도 어느 하나 빼거나 무시할 만한 게 없어."

"보어의 양자학이 현재의 양자학에 최소한 기초나 영향을 미쳤을 거라고 생각해서 논문을 보고 있는데, 좀 실망스럽고 아닌 부분도 많아서 걱정이야"

"에세이는 칭찬만 해야 하냐?"

"아니야. 비판해도 되고, 분석하고, 가능하면 좋은 면을 많이 써야지."

"보어는 큰일 났다. 너한테 걸려서 좋은 말 듣기는 힘들겠다. 크크."

요즘은 양자 중력이나 초전도체 혹은 이론 물리학의 연결에 관해 자신의 의견을 이야기 한다. 아빠에게 제대로 설명해 주고 싶지만 가끔은 실력이 부족한지 한숨을 쉰다. 희망이가 무엇을 할지 아직은 잘 모른다. 앞으로 아이에게 어떤 변화가 올지는 알 수 없다. 그래도 언젠가 희망이가 흥분하고 열정적으로 강의하는 모습을 상상해 본다. 혹은 연구실에 틀어 박혀 한숨을 쉴지도 모른다.

정말 바라는 것은 희망이가 자신이 원하는 길에서 행복한 것이다. 설사 그 길이 험난해도, 혹은 별 보람이 없다고 해도 실망하거나 좌절하지 않고 스스로 선택하여 앞으로 나가기를 바란다. 가끔 어릴 적 희망이가 조립품을 완성하고 나서 우리 부부에게 보냈던 미소가 떠오른다.

속도가 아니라 방향이다

주위에는 나보다 헌신적이고 교육에 대한 열정이 넘치는 부모들이 많다. 상담을 하다 보면 어디에 살고 있든 교육에 관한 열정이 넘치는 경우는 흔하다. 유치원 때부터 영어를 가르치고 다른 학습도 병행해서 초등하교 내내 우수한 성적을 얻고 교대 영재원을 다니는 아이도 있다. 중학교 1학년까지는 성적이 우수했지만 점점 떨어져 부모와의 관계도 틀어진 경우도 많다.

부모의 아이의 교육에 대한 열정은 자녀에게 해가 될까? 아니다. 자녀 교육에 대한 열정은 꼭 필요하며, 이것은 자녀의 학습에 긍정적인 영향을 미친다. 그런데 왜 독이 되는 경우가 발생하는 것일까? 이유는 다양하다. 그런데 그중에서 한 가지는 확실하다. 그것은 아이가 원하는 방향이 아니라 속도만 낸 경우이다.

나는 두 아이를 키우면서 학습에 대해 많은 시간과 열정을 쏟았다.

두 아이 모두 영어유치원을 다닌 적이 없다. 영어학원도 거의 다니지 않았다. 사랑이는 고등학교 때 다른 아이들처럼 영어학원에서 문법과 단어를 공부하지 않았다는 불만(?)을 토로하기도 했다. 그렇지만 사랑이는 꾸준히 영어를 듣고 발표도 열심히 했다.

희망이가 초등학교 졸업할 때 처음으로 학원에 가서 들은 이야기는 "지금까지 수학 선행이 이렇게 안 되어 있는 아이는 처음 봐요."였다. 서울대 물리 영재원에 합격하고 나서야 물리 올림피아드를 준비하는 학원에 들어갔다. 그때도 학원선생님에게 똑같은 말을 들었다.

나는 두 아이의 교육에 많은 시간과 열정을 쏟았지만 속도는 매우 느렸다. 그런데 시간이 지나고 보니 느린 것이 아니라 방향을 잘 잡기 위해 고군분투했던 것이었다. 그리고 방향을 잘 잡고 나니 오히려 더 빨랐다.

/

대화,
화성인과 친구가 되는 방법

상담을 하면서 많은 사람들을 만나다 보면 새삼 깨닫게 되는 것은 부부든, 혹은 부모와 자식관계든 '신뢰'가 중요하다는 것입니다. 서로에게 신뢰가 있다면 지금은 어려운 상황이더라도 곧 다시 회복됩니다. 그러나 반대의 경우는 사소한 문제에도 관계 회복이 힘들다는 것입니다.

서로에게 어떤 마음을 가지고 있는지 알 수 있는 중요한 척도는 둘 사이의 '대화'입니다. 대화의 시간, 내용으로 서로에 대한 신뢰의 깊이를 가늠할 수 있습니다. 그래서 상담을 통해서 부부 또는 부모와 자녀가 대화를 할 수 있도록 다양한 토론 주제를 꺼내기도 하고 숙제를 주기도 하며 대화를 위한 팁을 설명하기도 합니다.

최근에 OECD 통계자료에 의하면 우리나라의 아이들이 부모와 보내는 시간이 가장 짧으며, 우리나라의 '2016 청소년 통계'에 의하면 청소년의 56%가 일주일에 아빠와 한 시간 미만으로 대화하는 것으로 나타났습니다. 아마 그 한 시간도 진정한 대화라기보다는 교육과 훈계와 지시적인 대화일 가능성이 높습니다. 이렇게 부족한 대화로는 아무리 하늘이 맺어준 사이라도 어긋날 수밖에 없습니다.

자녀와 '신뢰'할 수 있는 관계가 되는 것은 단시간에 얻을 수 있는 것이 아니며, 유소년기부터 꾸준하게 많은 소통과 사랑을 통해 얻어지는 것입니다. 그렇다고 청소년 자녀와 신뢰가 없는 부모에게 "유소년기부터 잘못해서 이렇게 된 것입니다."라고 말할 수는 없습니다. 이전에 어떤 이유로든 신뢰가 무너진 상태라면 어떻게든 신뢰를 회복하려는 노력을 해야 합니다. 그중에서 청소년 자녀와 대화하는 여러가지 방법을 이야기 하려 합니다.

대화를 하기 전에

두 아이를 양육하면서, 또 많은 부모들과 상담을 하면서 왜 청소년 자녀와의 대화가 어려운지 분석해 보았습니다. 이것을 바탕으로 우리가 청소년 자녀와 대화를 하기 위한 여러 가지 방법을 소개합니다.

지치고 힘들 때는 되는 일이 없다

생각보다 많은 부모들은 일상에 지쳐 있습니다. 직장 때문이기도 하고, 자아의 실현을 위한 경우도 있으며, 끊임없이 부지런한 성격 때문인 경우도 있습니다. 그런데 스트레스 상태에서는 자녀를 부드럽게 대하기가 쉽지 않다는 것입니다. 부모는 성인군자가 아닙니다. 집안일에 지친 엄마들에게는 적당한 휴식을 취한 후에 자녀가 학교에서 돌아오면 반갑게 맞아주라는 조언을 합니다. 저 역시 가족이 모이기 전에 잠깐이라도 휴식을 가져야 가족에게 좀 더 부드러워집니다. 효율이라는 측면에서 밀린 집안일을 먼저 하는 것이 이익이겠지만 자녀문제에 있어서는 큰 손실로 다가오기도 합니다.

생각보다 이 문제로 인해 자녀와 대화를 잘 이어나가지 못하는 부모들이 많습니다. 비교적 간단하고 쉬워 보이는 것들이 우리의 발목을 잡습니다. 자녀들은 일을 하고 온 부모가 피곤해 하거나 기분이 좋지 않다는 것을 우리가 생각하는 것보다 더 잘 알고 있습니다. 오히려 부모가 자녀의 기분이나 육체적 상태를 모르는 경우가 많습니다.

상담 학생 중에는 너무나 힘든 일이 있음에도 부모에게 말을 못하는 청소년들이 있습니다. 아이들은 "엄마가 너무 힘들어 보여서, 미안해서 못했어요."라고 말합니다. 부모가 지치고 힘들면 스스로도 대화가 안 되지만 자녀도 부모의 눈치를 보고 대화를 하지 않으려고 합니다. 대화란 상대방이 받아줄 준비가 되었다고 느낄 때 할 수 있는 것입니다.

먼저 나 자신을 알자

부모 역시 자신의 부모에게 배운 것을 자녀에게 그대로 하고 있습니다. 자신의 정서 세계를 정확히 아는 것이 양육의 시작입니다. 한 초등학생 내담자는 ADHD 소견과 감정 기복이 심해 내원했습니다. 이 아이의 정서적 문제는 단지 아이의 문제만 해결해서는 좋아질 수 없었습니다. 엄마는 우울증으로 약을 복용하고 있었으며, 아빠는 불안증세와 함께 간혹 화를 참지 못하고 버럭 화를 내곤 합니다. 이같은 부모의 정서적 문제 역시 조부모에 의해 만들어진 것이었습니다. 엄마의 경우 아빠에게 학대받은 어린 시절이 있었습니다. 그래서 자신이 아이를 학대를 하지 않는 것만으로도(비록 자신이 우울증이라는 것은 알지만) 충분히 아이에게 잘 하고 있다고 생각했습니다. 그러나 상담을 통해 결코 올바른 양육 태도가 아니라는 것을 알게 되었습니다.

만약 엄마가 자신의 정서의 상태를 결혼 전, 혹은 신혼 때부터 알았다면 아마 지금보다는 좀 더 아이의 정서를 보듬을 수 있는 태도를 가지려 했을 것입니다. 아버지의 경우도 비슷합니다. 불안 장애를 가지고 있는 아버지의 표정은 무표정과 화난 표정으로 일관되어 있습니다. 아이의 소원이 '아빠가 웃으면서 이야기 했으면 좋겠어요.'일 정도였습니다. 이렇게 본인은 잘 알지 못하지만 자신이 가지고 있는 정서상태, 가치관은 자녀와의 대화에 반영되기 때문에 먼저 자신에 대해 아는 것이 바람직한 대화의 시작입니다.

자신의 성격, 정서상태, 심리적 문제를 전부 알 수 없는 경우도 많습니다. 상담을 하면서 미처 알지 못해던 자신을 깨닫고 신기하게 생각하시는 사람도 있습니다. 그래서 본인이 가지고 있는 우울감, 불안감, 기복 있는 감정 상태, 혹은 지나치게 부정적인 사고방식 등은 한 번 되짚어 보는 것이 좋습니다. 부부가 서로에 대해 이야기 해보는 것도 좋은 방법입니다.

지금은 쌍팔년도가 아니다

'요즘 애들은'이라는 말은 석기시대에도 있었을 것입니다. 나이가 들면서 자신의 과거와 현재를 비교하게 됩니다. 양육에서도 마찬가지입니다. 과거 없는 현재가 없기에 양육도 과거에서 배우고 변하는 것입니다. 그러나 문제는 부모들이 가지고 있는 가치관이 최선이라고 생각하고 자녀에게 강요한다는 것입니다. 어느 부모나 어느 정도는 가지고 있지만 성공한 부모들에게서 흔히 볼 수 있는 성향입니다.

청소년 사이에 '꼰대'라는 말이 있습니다. 단지 나이가 많은 사람을 비하는 것이 아니라 자신의 '틀'이 강한 어른을 가리키는 말입니다. 자녀와 대화를 하기 전에 이미 '이건 안 되고, 저것도 틀렸고, 그건 말도 안 돼.'라는 자신만의 기준을 확고히 하고 대화를 하면 백전백패입니다.

가령 여학생 자녀를 둔 아버지가 '무조건 여자는 10시 전에 집으로 들어와야 한다'는 가치관이 있을 수는 있습니다. 만약 자녀가 집 근처 카페에서 친구와 이야기를 하다가 10시 넘어서 들어가겠다고 한다면 어떻게 대화하는 것이 좋을까요? 매일 늦게 들어오던 자녀가 아니라면 이유는 나중에 듣기로 하고, 확실한 위치를 공유하고 들어오기 전에 문자를 하는 정도로 타협을 하는 것이 좋습니다.

부모가 가지고 있는 좋은 가치관을 자녀에게 자연스럽게 알려주기 위해서도 부모가 가지고 있는 강한 틀은 마이너스가 됩니다. 청소년 자녀는 자연스런 반항과 뭐든지 비틀어서 보고 싶은 욕구가 있습니다. 이 시기를 건강하게 보내면서 자신의 것을 만들고 완성해 가는 것입니다.

상담하다 보면 부모가 가지고 있는 좋은 가치관(절약, 규칙 준수)을 일부러 부정하거나 반대로 하면서 죄책감을 느끼는 이중적인 모습을 보이는 사람도 있습니다. 이런 사람들은 부모의 강압적이며 반복적인 행동과 말에 커다란 상처를 받은 경우가 많습니다. 부모가 가지고 있는 좋은 습관과 가치관을 자녀에게 자연스럽게 물려주고 싶다면 자녀와 대화를 하기 전에 자신의 틀을 조금 여유롭게 만드는 것이 좋습니다.

대화를 하면서

자녀가 필요할 때 들어주는 것이 대화의 반이다

자녀의 고민과 갈등의 대부분은 자녀의 이야기를 진지하게 들어주는 것만으로도 해결이 됩니다. 부모에게 가장 많이 조언하는 것이 아이가 원할 때 진지하게 아이의 말을 경청하라는 것입니다.

"들어줘서 고마워."

"지금은 그냥 위로만 해주면 돼."

첫 상담의 대부분은 내담자의 이야기를 적극적으로 듣는 것에서 시작합니다. 이것은 상담의 시작이자 가장 중요한 부분입니다. 내담자의 이야기에 공감하고 내담자가 공감 받았다는 느낌을 가지는 것만으로도 문제가 해결되는 경우도 있습니다.

청소년의 경우도 마찬가지입니다. 청소년 자녀와 대화를 해보면 많은 경우 어떤 문제를 해결하기보다는 자신이 가지고 있는 혼란스러운 감정과 혹은 정서의 앙금 같은 것을 털어버리려는 의도가 많습니다. 전

이것은 '정서적 배출'이라고 표현합니다. 마치 많은 식사를 하고 나면 화장실을 가는 것과 비슷합니다.

나이를 먹어 가면 감동 받을 일도 적어지고 새롭게 느끼는 것도 적어집니다. 자신의 가치관이 완성되었기 때문에 쉽게 흔들리는 경우도 적습니다. 그러나 청소년은 다릅니다. 큰 어려움이나 반드시 해결해야 하는 문제가 아니더라도 자신의 생각을 정리하고 대화로 표현해야 명확해지는 경우가 많습니다. 그래서 청소년 자녀와는 되도록 많은 대화를 해야 합니다.

자녀와 대화를 하다보면 아이의 표현이 거칠거나 극단적이며 지나치게 비약하는 경향도 있습니다. 성인의 대화만큼 순화되지도 않고 정제되어 있지 않습니다. 그래서 자녀들과 대화하기를 두려워할 수도 있습니다. 그러나 이것은 두려워할 일이 아니라 더 적극적으로 대화해야 하는 이유입니다. 자신의 감정을 순화하고 다양하게 표현하는 것도 많은 연습이 필요합니다. "사랑해."라는 감정을 다른 이성에게 적절히 표현하지 못한다면 어떻게 되겠습니까? 사랑의 표현도 그 전에 다양한 감정을 표현하고 느끼는 연습이 있어야 가능합니다.

이렇게 자신의 정서와 감정을 이야기 하는 것은 자녀에게 자신을 돌아보는 시간을 갖도록 하는 것이며, 다른 사람의 감정과 정서를 이해하는 것에도 도움이 됩니다. 상담을 하다보면 이미 성인이 되었음에도 자신의 감정 상태를 너무 모르는 사람이 있습니다. 이것이 너무 심해지면 감정에 무감각해지고 다른 사람의 감정에 전혀 관심이 없는 괴물이 될 수 있습니다.

그리고 가능하다면 자녀가 원하는 시간에 대화하는 것이 좋습니다.

감정의 표현은 시간이 지나면 바뀌기도 하고 시들해지기도 합니다. 어쩌면 아이가 원하는 그때가 그 이야기를 할 수 있는 가장 좋은 때일 것입니다. 내담자가 자신이 원할 때 하지 못했던 지난 시절의 이야기를 하면서 눈물을 흘리고, 너무 시원하다고 하는 경우도 있습니다. 별 것 아니지만 오랜 시간 그 이야기를 하지 못해서 힘들었던 시간을 생각하면, 그 이야기를 하고 싶었던 그 순간을 놓치지 말아야 합니다.

아이에게 필요한 것은 해결사가 아니다

자녀의 이야기를 듣다 보면 자녀의 어려움을 간단히(?) 해결해주거나, 쉽게 해결할 수 있는 방법을 자녀에게 강요하거나, 혹은 진지하게 설교하기가 쉽습니다. 단지 문제 해결을 위한 것이라면 아마 자녀는 미성숙하고 힘도 없는 친구보다 부모에게 이야기 하는 것이 항상 이익이므로 더 자주 부모에게 자신의 고민을 이야기 할 것입니다. 그러나 자녀는 부모보다 친구와 더 많은 이야기를 합니다. 가끔은 부모보다 친구에게 하소연을 하면 더 문제가 잘 해결되기도 합니다.

아이가 학교에서 친구와 다투고 부모에게 이런 사실을 이야기 한다면, 숨은 뜻은 자신을 위로해 달라는 것입니다. 그런데 뜬금없이 학교에 전화를 해서 항의를 한다면 과연 다음에 부모에게 고민을 이야기할 수 있을까요? 아마 그 후로는 자녀와 대화가 더 어려워질 것입니다. 혹시 학교에 전화하는 것이 필요한 상황일 수도 있습니다. 문제는 그 과정에서 자녀와 많은 이야기를 나눈 후에 해야 한다는 것입니다. 문제해결 지향적인 태도를 가지고 대화를 시작하면 자녀의 상황에 대해 옳고 그릇, 이익과 손해의 개념이 들어가게 됩니다. 이는 틀림없이 비난과 지적을 동반하게 됩니다. 상담에서 부모들이 "아니, 이건 잘못된 거잖아요.", "이렇게 하면 아이한테 손해가 되는 것이 아닌가요."라고 말을 합니다. 친구 사이에 약간의 손해는 있을 수 있습니다.

자녀가 부모에게 이야기한 것은 자신을 위로해 주고 자신이 잘했다고 말해주기를 원했던 것인데, 손해 날 짓을 한 아이를 탓하거나 혹은 혼내게 되면 대화가 단절되게 됩니다.

변덕과 버럭은 버려라

청소년 자녀가 부모와 대화를 꺼리는 이유 중 흔한 원인은 부모의 변덕과 버럭 화를 내는 것에 있습니다. 우리가 생각하는 것보다 많은 아이들이 이런 이유로 부모와 대화하기 싫다고 말합니다. 그런데 부모와 상담을 해보면 자신이 그렇게 변덕스럽고 또 많이 버럭 화를 냈다는 것을 인지하지 못합니다.

미시간 주립대학의 파델 마타교수는 '대인공정성(interpersonal fairness)이 미치는 영향'이라는 논문에서 직장 내에서 지속적으로 불공정하고 부정적인 피드백을 받은 그룹과 양극단(긍정, 부정)의 피드백을 받은 그룹의 행동을 관찰하였는데, 양극단의 피드백을 받은 그룹이 불확실성에 가장 미숙하게 대처하였다고 보고하였습니다. 이는 지속적으로 부정적인 피드백을 받은 그룹이 양극단의 피드백을 받은 그룹보다 예기치 못한 상황에 더 잘 대처했다는 것입니다. 이 결과는 자녀 양육에서 부모의 양육태도에 중요한 키포인트가 됩니다.

위의 논문 결과에서 한 가지 지적하고 싶은 것이 있습니다. 지속적으로 자녀에게 부정적인 피드백을 주는 것은 자녀에게는 더 나쁜 영향을 줍니다. 이 논문은 성인을 대상으로 한 것이라 유소년 자녀를 대하는 태도와는 차이가 있습니다. 지속적으로 부정적인 피드백에 노출된 유아와 유소년은 많은 심리적, 정서적 문제를 가지게 됩니다. 이는 성인에 비해 심리적으로나 가치관의 정립이 불안정하기 때문에 더 많은 타격을 받게 됩니다.

상담에서 흔히 볼 수 있는 부모들은 항상 부정적인 피드백을 주는 사람보다는 부정과 긍정적 피드백이 혼재되어 있는 경우가 더 많습니다. 상담을 했던 많은 아이들의 부모가 항상 아이를 힘들게 했던 것은 아닙니다. 평소에 잘해주다가 갑자기 감정을 조절하지 못하고 화를 내거나 사소한 변덕을 부리는 경우가 많았습니다. 대다수의 부모들이 이러한 양육태도를 보일 것입니다. 이럴 때 자녀는 자신이 받았던 정서적 상처에 대해 기억하고, 부모는 자신이 잘해주었던 부분에 대해 기억하기 때문에 서로의 이야기가 엇나가는 것입니다.

부모는 성인군자가 아닙니다. 가끔은 변덕도 부리고 화가 날 때도 있습니다. 그러나 반복되는 변덕과 화를 내는 습관은 자녀와의 대화에 치명적입니다. 자녀가 원하는 것은 안정감입니다. 전 이것을 '내 편'이라고 설명합니다. 그런데 갑자기 버럭 화를 내는 상대에게는 안정감이 사라지고 '내 편'이라는 마음도 사라지게 됩니다. 그리고 버럭 화를 내는 사람들 중에는 욕설을 하는 사람도 있습니다. 욕설은 폭력이기 때문에 여기서 언급하지는 않겠습니다.

배려 받고 존중 받았다고 느껴야 한다

대화에 연속성을 가지려면 자녀가 했던 말을 생각한 다음에 천천히 피드백을 주어야 합니다. 쉬운 과정은 아닙니다.

저는 상담을 하기 전에 항상 준비를 합니다. 많은 사람을 상담하기 때문에 각 개인의 상담 내용을 모두 기억할 수는 없습니다. 매번 상담 전에 이전의 상담 내용을 복기하고 앞으로 상담이 나아갈 방향을 생각하고 중요하게 피드백 해야 할 내용을 기억하고 할 말을 미리 연습합니다. 이것은 내담자에 대한 존중입니다. 아마 이런 과정이 없더라도 상담을 하는 데는 전혀 문제가 없을 것입니다. 그렇지만 이런 과정은 상담하러 오는 사람에 대한 저의 배려입니다. 이런 과정을 어떻게 가족에게 적용할 수 있냐고 반문할 수도 있습니다. 필요하다면 그렇게 해야 합니다.

"내 말은 듣지를 않아요."

"제가 말한 것을 기억하지도 못해요."

청소년 자녀가 부모에 대해 흔히 하는 말입니다. 이 말은 자신이 존중 받지 못했다는 의미가 강합니다. 어떤 음식이 싫다고 이야기를 했지만 계속 그 음식을 만들거나 권하는 부모도 있습니다. 혹은 자녀가 작은 불편함을 반복해서 이야기 했지만 부모가 눈치채지 못하는 경우도 있습니다. 어쩌면 사소해 보이는 이런 일이 반복되면 '말해봐야 소용없지.' 또는 '내 말을 듣고는 있는 거야?'라는 마음이 생기기 시작합니다. 많은 부모가 이런 상황에 직면할 수 있습니다. 미리 알고 대처했다면 좋겠지만 그렇지 못했다면 다른 변명보다는 "미안해."라는 사과가 더 좋은 차선책입니다.

실제로 상담 중에 오랜 시간 존중 받지 못해서 힘들어 하는 자녀에게 부모가 진솔하게 미안함을 표시하고 변하려 하는 태도를 보이면 생각보다 쉽게 자녀의 마음이 열립니다. 그러나 많은 부모들은 미안하다는 말을 쉽게 하지 못합니다. 자신이 잘못했다는 죄책감을 싫어하는 부모도 있고, 자신의 탓이라는 무거운 짐을 두려워하는 사람도 있습니다.

"미안해."라는 표현은 청소년 자녀에 대한 배려와 존중의 의미로 해석하셔도 좋습니다.

마지막으로 우스운 위로 하나를 드리려고 합니다. 만약 청소년 자녀와 대화가 잘 된다면 세상 누구와도 소통하고 친구가 될 수 있을 것입니다. 삐죽거리고 툴툴거리는 자녀와 대화를 하면서 자녀의 고민도 듣고, 자녀의 투정도 들으면서 틈틈이 자신의 견해도 이야기할 수 있다면 외계인과도 친구가 될 수 있습니다. 그러니 지금 자녀와의 대화가 어렵다고 실망하실 건 없습니다.

Part 5

꿈이 있는 아이

인생을 살아가는 에너지

나무는 비바람 속에서 자란다.

착한 자녀는 없다

초등학교 6학년 2학기 때 특히 더 사랑이와 많은 시간을 보냈다. 희망이의 영재고 합격으로 사랑이에 대한 관심이 더욱 생기기도 했고, 희망이한테만 집중하느라 혹시 소홀하지 않았나 하는 노파심이 집중적인 관심의 계기가 되었다. 작은 아이와 단둘이 여행도 많이 가고, 사랑이가 하고 싶어했지만 미뤄왔던 여러 가지 일과 공부도 했다.

아이는 잘 따라와 주었고, 결과적으로 전교 2등을 했다. 담임선생님의 칭찬과 친구들의 부러움으로 아이는 무척 기분이 좋았다. 그런데 부모에게 희망을 주고 자신에게 자신감을 주었는지는 모르지만 공부는 우습게 알게 되었다. 공부를 쉽게 하는 습관이 생긴 것이다. 아는 것만 하고, 모르는 것은 그냥 넘어간다. 나중에 이런 학습 습관은 사랑이의 다른 여러 가지 활동과 맞물려 성적에 지장을 주었다.

두 아이를 키우다 보니 내신 평가에 부정적인 생각을 하게 되었다.

나는 항상 내신성적이 우수했기 때문에 두 아이도 쉽게 공부할 수 있을 거라고 생각했다. 그런데 생각과 달리 희망이의 중학교 평균 내신은 400명 가운데 150등 정도였다. 사랑이도 비슷했다. 대부분의 경우 공부는 내신으로 평가된다. 지금 입시제도 역시 내신이 중요하다.

아이들의 경우를 지켜보니, 내신은 반복과 실수를 줄이는 것이 가장 중요한 핵심이다. 그런데 이런 학습방법은 창의적이거나 깊이 파고들어야 하는 공부에는 적합하지 않다. 학력고사 세대에게 적합한 공부법이다. 그러니 나처럼 자녀가 내신 성적 때문에 힘들어 한다면 아이의 다른 특성 때문에 그럴 수도 있겠다는 것을 먼저 파악해 보았으면 좋겠다. 특성이 있다면 반드시 그 특성 때문에 학습에서 빛을 발하는 날이 올 것이다. 물론 열심히 하는 경우에 그렇다.

워킹맘의 어려움

희망이가 기숙사로 들어가고 사랑이가 중학교에 올라가자 난 본격적으로 일을 시작했다. 15년이란 시간의 장벽을 넘어 너무 즐겁고 열정적으로 일했다. 그러면서도 학교가 끝나고 집에 혼자 있을 사랑이 때문에 걱정이 많았다.

사실 전업주부일 때도 너무 바빴다. 설거지와 분리수거는 아이들이 잠이 든 12시 이후에나 할 수 있었다. 전업주부도 프로의 직업이다. 희망이가 15살이 될 때까지는 자원상담자나 한 달에 한 번 정도의 부모교육 강사로서 소소하게 일을 했는데, 희망이가 기숙사생활을 하면서 일의 강도와 시간이 늘어났다. 그리고 다른 심리적 갈등이 생겼다. 대부분의 워킹맘이 그렇겠지만, 미안함이다. 혹시 내가 빼먹거나 실수해서 사랑이에게 피해가 가지 않나 하는 걱정이다. 걱정 중 중요한 부분은 정서적인 부분이다. 생활적인 측면과 학습적인 면보다는 정서적인 부분이 더 많이 걱정되었다. 바쁜 일상 끝에 집에 오면 아무래도 가족 모두의 정서를 돌보기는 힘들다. 다행히 남편이 아이들의 기분을 잘 이해하지만 한계는 있다. 나의 오랜 꿈은 일과 가정을 조화롭게 해나가는 것이다.

지금 내가 전문가로서 일하는 데는 가족의 힘이 가장 크다. 그중에서도 사랑이의 힘이 가장 컸다. 사랑이가 건강하게 지낼 거라는 믿음이 있었기에 가능한 일이었다.

착한 자녀는 없다

사랑이의 사춘기는 초등학교 말부터 시작했다. 희망이는 중학교 말부터였다. 건강한 청소년기를 지나 성인이 되기 위해서는 사춘기의 홍역은 반드시 필요하다. 혼란과 갈등, 고민과 열정의 시기는 반드시 있어야 한다.

자녀의 사춘기는 가족에게는 또 하나의 도전이고 힘든 여정이다. 나는 유소년기의 자녀보다 청소년기 자녀의 양육이 어려웠다. 상담을 하면서 나와 같은 부모들이 생각보다 훨씬 더 많다는 것을 알았다. 무조건적으로 주기보다는 때로는 참고, 대화하고, 절충하면서 기다려줘야 하는 이 시기가 더 어렵다. 다행히 나보다 남편이 아이들과 더 대화도 잘하고 잘 이해했다. 아빠는 약간 냉정하고 합리적이며, 특히나 사춘기 아이들의 행태에 대해 관대했다.

사랑이는 표현이 확실하다. 옳고 그름에 대한 표현이 확실하니 솔직히 이야기하기가 훨씬 편하다. 그렇지만 의외로 쉽게 받아들이지 않는다. 충분한 시간과 경험을 하고 나서야 승복하고 받아들인다. 일에 대한 열정만큼이나 폭발적이다. 감성이 풍부하기 때문에 더 민감하게 반응한다. 즐겁게 놀다가도 갑자기 화를 내거나 섭섭해 하는 경우도 있었다. 나 역시 감성적이기 때문에 서로 감정적으로 변한다. 그러면 일이 더 커진다.

상담을 하면서 부모들에게 가장 많이 듣는 말 중에 '초등학교 때는'이 있다. 초등학교 때는 공부를 잘했고, 전교 회장이었고, 부모 말을 너무나 잘 듣는 아이였다는 것이다. 그때는 그랬는데 갑자기 달라졌단다. 그런데 나의 아이를 포함해서 대부분의 아이는 그렇지 않다. 부모들은 갑자기 어떤 문제 하나로 아이가 변했기 때문에 그 문제가 해결되면 다시 옛날의 모습으로 돌아갈 수 있다고 생각한다. 그러나 대부분의 경우엔 한 가지 일로 자녀가 변한 것이 아니다.

청소년기에 들어서 자녀가 달라지는 것의 대부분은 정상적인 반응이다. 마치 키가 커지고 이차 성징이 나타나는 것처럼 당연하다. 그런데 너무 달라졌다면 달라진 이유가 틀림없이 있을 것이다. 공부를 안 하는 것에도 이유가 있고, 성격이나 심성이 변한 것에도 이유가 있다.

나는 오히려 이것이 기회라고 말한다. 변한 이유가 있다면 청소년기에 다 털고 가는 것이 건강한 성인이 되는 올바른 길이기 때문이다. 이 문제는 결국 인생 전반에 영향을 주기 때문에 어느 정도 해소하고 가는 것이 좋다. 40대의 성인이 자신이 해결하지 못한 유소년기의 문제로 가정을 힘들게 하고 자신도 너무나 힘들어 하는 경우도 많다.

만약 청소년기 자녀가 너무 변했다면 놀라지 말자. 대부분의 경우는 정상적인 반응이며, 그렇지 않다면 또 다른 기회가 온 것이다.

난 나의 길을 간다

폭발하는 열정

사랑이는 적극적이고 활발하고 긍정적이다. 독서를 가장 좋아하지만 무엇에든 관심이 많다. 사랑이는 여러 캠프에 참가했다. 법 캠프, 신문사 캠프, 바이오 캠프, 자기주도 학습 캠프, 리더십 캠프, 영어 마을 캠프 등 다양하다.

또 그때마다 하고 싶은 꿈이 변하기도 했다. 법관이 되고 싶다가 방송작가도 되고 싶고, 외교관이 되어 우리나라의 문학을 세계에 알려야 한다고 외국어를 공부하기도 했다. 자기주도 학습이 중요하다며 우리가 공부에 간섭하는 것을 막고 스스로 하겠다고 큰 소리를 쳤다.

사랑이의 학교는 별로 가보질 못했다. 가끔 갈 때면 담임선생님이 칭찬을 많이 했다. 학교 일에 적극적이고 친구들과의 관계도 좋고, 자기 이익을 내세우지도 않고, 공부도 모범적으로 잘 한다고 했다. 그런데 이상하게 희망이에게는 박한 평가를 하는 선생님이 많았는데, 반면에 사랑이에게 후한 점수를 주는 선생님이 많았다. 사랑이는 여러 방면으로 주변을 기쁘게 하는 능력이 있는 것 같다.

사랑이는 초등학교 3학년부터 꾸준히 영어 스피치대회에 출전했다. 희망이도 한 번 나간 적이 있지만 달달 외우는 것에 약한 희망이는 탁월한 성적을 내지 못했다. 사랑이는 달랐다. 우리가 특별히 준비해 줄 것이 없었다. 사랑이는 평소에 '리틀 팍스'라는 인강을 자주 듣는데, 본인이 좋아하는 부분을 요약해 오면 내가 문법적인 것을 고쳐주고, 아이가 혼자 연습을 해오면 시간을 체크해 주는 정도였다.

사랑이는 적극적이다. 영어를 공부하는 것은 물론이고 준비물도 착실히 준비한다. 그림을 복사해서 설명하기도 한다. 희망이와는 달리 철저히 외운다. 초등학교 3학년에 시작된 영어 스피치대회는 중학교 1학년까지 이어졌다. 운이 좋았는지 교내 상은 놓치지 않았다. 5학년 때는 강남구 대회에 학교 대표로 나가 우수상을 받았다. 영어를 잘하는 아이들이 너무 많은 동네여서 기대하지 않았는데 말이다. 사실 대표로 뽑힌 아이 중 사랑이처럼 외국이나 영어학원에서 공부한 적 없는 아이는 찾기 힘들었다. 사랑이가 많은 사람들 앞에서 발표하는 모습은 언제나 나를 흥분시킨다. 자신감이 있고 열정적이다. 내가 가지지 못한 사랑이의 장점이다.

사랑이는 교내 토론대회도 혼자서 준비한다. 친한 친구 셋이 모여 준비를 한다. 우리는 대회 전날 질문할 것을 나름대로 두세 가지 물어봐 주기는 한다. 사랑이는 혹시 자신이나 친구가 틀린 부분이 있는지 인터넷으로 자료를 점검한다. 피곤하고 스트레스도 받을 만한데 오히려 즐기는 것 같다. 교내 토론대회에서도 3등상을 받았다. 다른 팀이 준비한 것을 보고 느낀 점이 많은 것 같다. 오히려 도전하고 오면 더 성실해지니 참 이상한 아이이다.

중·고등학교 6년간 사랑이만큼 친구들과 즐겁고 추억을 가지고 있는 청소년은 드물 것이다. 또 여러 가지 활동을 주도적으로 해본 아이도 많지는 않을 것이다. 물론 이런 면이 학습에는 지장이 될 수 있다. 사랑이의 다양한 활동과 열정이 부럽기도 하다. 엄마로서 보기에는 공부에 매진하지 못하는 것이 가끔 안타깝기도 하지만 활동적이고 열정적인 점이 인생에 도움이 될 거라 생각한다.

사랑이는 친구도 다양하다. 성격도 각기 특색이 있으며 좋아하는 분야도 다른 친구들이다. '엄친아'라고 불리는 아이부터, 이미 고등학교 때부터 대학과 관계 없이 진로를 정해서 자격증 공부를 하는 아이도 있다. 각자의 색깔이 잘 어우러지는 멋진 친구들이라 좋아 보인다. 또래와의 관계는 가족과의 관계만큼 중요하다.

리더가 될 거다

사랑이는 중학교 선도부원이다. 자기가 하고 싶어서 한 것이다. 어느 날 집에 와서 선도부원을 뽑는데 자원할 것이라고 한다. 지원자가 많아서 안될 수도 있지만 해보고 싶단다. 하라고 했다. 중학교에 올라와서는 또래 상담을 해준다. 1년간 또래를 만나 여러 가지 이야기를 하고 상담을 했다. 도서관 활동도 열심히 한다. 우리가 보기에 별로 중요하지 않은 수행평가도 항상 적극적으로 이끌고 나간다. 그냥 공부만 하라고 말하고 싶지만 어느 것이 더 좋은 학창시절인지 우리는 안다. 중학교 2학년 때 사랑이가 무슨 대표로 뽑혔다고 한다. 학교 대표로 강남구 모범상을 받게 되었다.

지나고 보니 선도부 생활과 또래 상담 그리고 도서관 활동은 사랑이 인생에 많은 도움이 되었다. 친구들과 대화하고 선생님과 지내며 어려운 일과 난처한 일을 처리하는 방법을 나름대로 체득하게 된 것 같다. 친구들과 모여 사교적 서클을 만들어 블로그 등으로 소통하기도 하고 개인적으로 글을 써서 인터넷에 올리기도 한다. 전혀 모르는 사람과도 대화하고 만나기도 하며 소통하면서 자신의 가치관을 차분히 만들어갔다. 눈에 보이는 당장의 성과는 아니지만 아이가 세상에 나갈 때 대학 간판과 돈보다 더 필요한 것이리라. 실상 상담을 하다보면 이런 것을 갖추지 못해 20대 혹은 30대에 많은 시간을 낭비하고 자신을 망가뜨리는 사람을 종종 보곤 한다.

"무슨 대표? 무슨 시험 봤니?"
"아니, 강남구에서 모범상을 주는데 학교 대표로 뽑혔어."
"네가 모범상을 받아?"
"어, 담임선생님하고, 1학년 때 담임선생님이 모두 추천하셨대."
"왜?"

아이가 버럭 짜증을 낸다. 하긴 그럴 수도 있겠다. 자식이 강남구에서 대표로 모범상을 받는다는데 부모가 왜 받느냐고 하니 성질이 날 만하다. 사랑이가 나와 닮은 점이 많아 아이가 가진 재능을 너무 가볍게 보고 있는 것인지도 모른다. 생각해 보면 사랑이는 리더의 자질을 갖고 있는 듯 보인다. 언제나 자기 주장이 있고 남들의 주장도 잘 듣고 조화하려 한다. 친구 셋이 모여 토론대회 준비를 해도 각자의 특성을 잘 파악하여 조화하려 애쓴다. 친구 모임인 '소울러'에서도 마찬가지이다.

그날 밤 아빠에게 강남구에서 상을 받게 되었다고 말했다.

"사랑아, 네가 크거든 오빠 같이 띨띨한 과학자 100명쯤 모아 놓고 연구하게 하고, 너는 팀장 맡아서 조절 좀 해줘라."

그래 맞다. 아이는 어쩌면 그렇게 될 것 같기도 하다.

강남구 모범상은 우리에게 또 하나의 자랑이고 기쁨이다. 1년에 한 번 있는 상일 뿐 아니라 단순히 공부를 잘한다고 받을 수 있는 상도 아니다. 말 그대로 남의 모범이 된다고 생각하는 아이들 중에서 고르고 고른 것이다. 희망이는 물리를 택할 때 '세상에 변화지 않는 진리를 찾고 싶다.'라고 말했다. 사랑이는 '세상을 변화하게 하는 일을 하고 싶다.'라고 말한다. 아마 사랑이는 세상을 더 행복하게 변화시키는 일을 할 것 같다. 아직 그 일이 무엇인지 알 수는 없지만 아마 자신이 스스로 찾게 될 것이다.

희망이의 중학 시절은 영재학교와 경시 준비에 대부분의 시간을 보냈다. 반면 사랑이는 너무나 많은 활동으로 인해 학습에 지장을 받았다. 두 아이가 좋아하는 방향이 다르다. 두 아이 모두 자신의 길에서 최선을 다했다.

작가는 꿈이 아니라 일상이다

사랑이가 중학교 2학년 때 마로니에 백일장을 다녀왔다. 학교에서 하고 싶은 학생은 작품을 제출하라고 했는데 마침 시험기간이라 전에 써 두었던 시를 한 편 제출하였다. 소설을 쓰고 싶어했지만 시간이 없었다. 목동 근처에 사랑이를 데려다 놓고 나중에 데리러 가기로 했다. 오후에 와보니 발표를 하고 있었다. 대상은 문화부장관상이니 규모가 있는 대회다. 중·고등학교 학생들이 100명 이상 모여 있다. 1차를 통과하고 온 아이들인데 생각보다 숫자가 많아서 놀랐다. 사랑이를 찾아본다. 뒤에는 없을 것이다. 희망이라면 맨 뒤에 있겠지만 사랑이는 아니다. 역시나 맨 앞은 아니지만 앞쪽 가까이 중앙에 사랑이가 보인다. 안이 더웠는지 콧등의 땀을 연신 닦으면서 앞을 응시하고 있다. 옛날 기억이 떠오른다. 유치원에 다닐 적에도 저런 표정과 몸짓을 자주 보았다.

아이가 상을 받지는 못했다. 아이가 실망하지 않았을까 걱정이 앞선다. 그런데 사랑이는 씩씩하다.

"아, 소설을 했어야 하는데 역시 시는 어려워."

"어제 준비를 했는데 좀 더 구체적으로 써볼 걸 그랬어."

"괜찮아?"

"그럼 강의도 듣고, 좋았어. 이제 좀 알 거 같아."

참 긍정적이고 활기차다. 대견하다. 속으로는 실망했을지도 모른다. 그렇지만 저렇게 씩씩하니 분명 다시 도전할 것이다.

사랑이의 청소년기를 요약하자면 친구와 글쓰기다. '신도루의 비밀' 이후에도 시간이 되는 한 글쓰기를 멈추지 않았다. 마치 독후감이 자신의 자존감인 것처럼. 독후감 숙제를 할 때는 대부분은 읽은 책이고 이미 써놓은 것이 있어서 그냥 제출하면 되지만 가능하면 다시 읽고 이미 썼던 것도 교정을 해서 제출한다. 당연히 선생님들은 좋은 평을 해주었다. 학교에서의 글쓰기뿐 아니라 인터넷에 단편을 쓰거나 '마로니에 백일장'과 같은 대회에도 꾸준히 참가하였다.

맛없는 전복죽

사랑이가 중학교 3학년 때 색다른 기회가 왔다. 남산 도서관에서 시행하는 '예비작가교실'이다. 학교 선생님이 아이가 글쓰기에 많은 관심이 있다는 것을 알고 추천해 주셨다. 학교 추천이 있다고 무조건 뽑히는 것은 아니지만 아이는 많이 흥분하고 설렜다. '예비작가교실'은 2학기 동안 남산 도서관에서 2주에 한 번 현재 활동 중인 작가와 문학에 대해 공부하는 프로그램이다.

사랑이는 같은 꿈을 가진 또래와 만난다는 것, 실제 지금 글을 쓰고 있는 작가와 얘기하고 토론한다는 것에 많은 기대를 가지고 있었다. 다만 차멀미가 너무 심해서 고생은 많았다. 다른 일 같으면 벌써 싫다고 했을 텐데 토요일에 혼자서 가는 모습이 대견하다.

정규수업의 중간 무렵 사랑이가 약간 흥분되어 있었다.

"선생님이 우리 글 중에 두 편을 뽑아서 남산에서 만드는 책에 실어준대."

“그래. 재미있겠다. 넌 뭐 쓸건대?”

“생각해 둔 것 게 있는데 잘 될지 모르겠어.”

나중에 아이가 완성된 글을 아빠에게 보여 주었다. 예상과 달리 아빠가 굉장히 칭찬을 많이 해주었다. 아빠는 사랑이에게 다른 것엔 관대하지만 글은 꽤 까다롭게 지적하곤 했는데 이번에는 만족하는 것 같았다. 아이도 얼굴이 상기되어 좋아한다.

어느 날 사랑이가 발간된 책을 가지고 왔다. 서울의 각 도서관에 전시될 거라는 자랑을 하면서 보여 주었다.

맛없는 전복죽 맛있게 먹는 방법

– by 천국에 사는 아이

아침부터 비가 한 두 방울씩 떨어지더니 마침내 내가 학교에서 나오기 시작한 시각에는 장대비가 퍼붓기 시작했다. 한치 앞을 보기 힘든 길에서 우산 하나에 의지한 채 집으로 향해 걷기 시작했다. 시원한 공기가 잠시 어지러웠던 머리를 식혀주는 것 같았으나 나중에는 오히려 감기에 걸린 몸 상태를 악화시켰다. 가을비는 빗자루로도 피한다는 속담과는 무관하게 늦가을에 비는 거세게 내렸다. 비 내리는 걸 싫어하는 편인 나는 인상을 찌푸리며 빠르게 발걸음을 재촉했다. 우산 하나로는 비를 전부 막을 수 없어서 온몸이 젖은 채 나는 집에 간신히 도착할 수 있었다. 불이 하나 꺼져 있어 우중충한 엘리베이터를 타고 마침내 비밀번호를 누르고 집으로 들어갈 수 있었다.

"학교 다녀왔습니다."

나는 대답이 들려오지 않을 거라는 것을 알면서도 엄마가 없는 싸늘한 집을 둘러보면서 말했다. 불은 꺼져 있었고 차갑게 식은 반찬과 엄마가 아침에 해놓고 나간 저녁밥이 랩으로 포장된 채 식탁에 놓여 있었다. 3년이나 지났는데도 이런 분위기의 집은 익숙지 않았다. 나는 크게 한숨을 쉬며 어두운 집안 분위기를 바꾸어 보려고 빠른 박자의 최근 유행가요를 크게 틀고 저녁밥을 전자레인지에 넣은 채 교복을 빠르게 갈아입기 시작했다. 젖은 몸과 손을 대충 씻고 저녁밥을 먹기 시작했다. 저녁밥은 예상했던 것보다 더 맛없었다. 전자레인지에 한 번 데웠음에도 불구하고 고기는 딱딱했고 야채는 차가웠다. 딱딱한 밥알을 씹었다.

학교에서 돌아왔지만 아침부터 지끈지끈거리던 머리는 전혀 괜찮아지지 않았다. 오히려 아침보다 훨씬 더 어지러운 것 같았다. 맛없는 밥과 퍼붓는 비

때문에 눅눅해진 집안이 더욱 몸 상태를 나쁘게 하는 것 같았다. 맛없는 밥을 더 이상 억지로 먹기 싫어진 나는 남은 밥을 대충 랩으로 다시 덮어두고 소파에 누웠다.

이렇게 머리가 아픈 건 어제 밤늦게까지 엄마와 아빠를 기다리며 공부하다 창문을 열어놓고 책상에 잠들었기 때문이었다. 어제는 오늘 날씨와 정반대로 날씨가 늦가을치고 무척 더웠다. 그런 이유로 밤공기의 차가움을 느끼고 싶었던 나는 창문을 활짝 열어두었고 그 상태로 얼마 후 책상 위에서 잠이 들었기 때문에 심하게 감기에 걸리고 만 것이다. 옛날이었다면 엄마가 나를 깨우던가, 그게 아니라면 창문을 닫고 담요를 덮어주었을 텐데. 약간 섭섭한 기분이 들었다. 하긴 예전이었다면 내가 아무도 없는 집에 있을 리도, 이렇게 처량맞게 소파에 누워있을 일도 없을 것이었다. 예전이었다면 엄마는 맛없지만 따뜻한 간식을 준비해 놓고 소파에서 다리를 꼬은 채 책을 읽으면서 혹은 허리 살을 뺀다면서 열심히 훌라후프를 돌리면서 나를 기다리고 있을 터였다.

……

"우리 지현이한테 미안해서 어떡하지. 초등학교 졸업해서 이제 독립할 수 있는 나이기는 한데 그래도 혼자 밥 먹기도 쓸쓸하고 아직까지는 엄마 도움이 필요한 나인데 갑자기 일을 나가게 되어서, 엄마가 많이 걱정되네. 지현이가 나가지 않으라고 하면 일 안 나가도 되니까 언제든지 말해." 엄마는 미안한 표정으로 날 바라보았다.

"괜찮아 엄마. 어차피 중학교부터는 엄마 도움 없이 혼자 공부할 생각이었는걸. 게다가 엄마도 엄마일 하고 나도 내일 하는 게 원래 당연한 거잖아."

그때 나는 어떤 면에서는 엄마가 나가는 것이 당황스러웠고 슬프기도 했지만 엄마의 간섭이나 잔소리 없이 혼자 공부한다는 게 무척이나 기대되었다. 특히 공부뿐만 아니라 내가 원하는 일을 좀 더 할 수 있을 거라는 기대감에도 부풀어 있었다. 엄마와 아빠는 앞으로의 일이라든가 내 저녁식사 문제라든가 여러 가지 일을 의논했다. 아빠와 나 모두 엄마의 능력을 믿고 있었다.

그리고 마침내 엄마는 무서울 정도로 빠르게 엄마 일을 해나가기 시작했다. 박사과정을 신청해 다시 정식으로 공부하기 시작했고, 자신의 일을 하면서 행복해했다. 나도 그런 엄마를 보는 것을 무척 좋아했다.

……

꿈속인가……. 따뜻한 손이 내 이마를 쓰다듬고 있었다. 몸이 뜨겁고 아팠음에도 불구하고 기분 좋은 느낌에 나는 안심하고 편히 다시 눈을 감았다.

눈을 뜨자 나는 침대에 누워 있었다. 머리 위에는 물수건이 놓여 있었다. 창밖을 보자 장대비는 어느새 그치고 붉은 태양이 하늘 저 높은 곳에 떠있었다.

"지현아. 일어났니?" 엄마는 걱정스러운 표정으로 나를 바라보며 물었다.

"으응. 괜찮은 것 같아." 나는 어색하게 고개를 끄떡이며 말했다.

"다행이다. 어제 너무 열이 높아서 걱정 많이 했어. 그렇게 아팠는데 왜 엄마한테 전화 안했어? 40℃까지 열이 올라가서 잘못하면 죽을 뻔 했다고."

엄마는 화난 어조로 말했으나 그 밑에 전해져 오는 걱정스러움이 느껴져서 나는 쉰 목소리로 배시시 웃어버렸다. 갑자기 학교 걱정이 나서 나는 다급하게 물었다.

"지금 몇 시쯤 됐어?"

"10시 넘었어. 하여간. 말썽만 부린다니깐. 우리 딸. 오늘은 너무 아파서 학교 못나갈 것 같다고 담임선생님한테 전화해 놓았으니깐 학교 걱정은 하지마." 엄마는 내 머리를 쓰다듬으면서 말했다.

"밥은?"

아침식사 시간이 훨씬 넘은 걸 알자 배고프다는 것을 깨달은 나는 엄마한테 물었다.

"아직 감기 때문에 목이 걸걸할 것 같아서 전복 사다가 전복죽 끓여놨어."

엄마가 끓인 맛없게 생긴 전복죽을 한 숟갈 떠먹었다. 예상했던 것만큼 맛이 무척 없었다. 인상을 찌푸리지 않으려고 하면서 먹는 도중 왜 엄마가 이 시간에 일을 하지 않고 집에 있는지 놀랐다. 게다가 오늘은 엄마가 열심히 준비했던 프로젝트 발표 날인데…….

"엄마! 오늘 발표하기로 한 프로젝트는 어떻게 됐어. 지금 가봐야 하는 거 아니야?"

"딸. 엄마가 그렇게 매정해 보여? 그 프로젝트 1년 동안 기대했고 1개월 동안 준비했지만 너는 15년 동안 준비했거든!! 그깟 프로젝트 어떻게 되든 무슨 상관이야. 그런 프로젝트 엄마가 맘만 먹으면 또다시 만들 수 있고 그런 기회 다시 노력하면 잡을 수 있는데. 근데 말이야. 네가 사라지면 다시 만들 수도 다시 잡을 수도 없어. 인생에서 단 한 번뿐인 기회인걸."

엄마는 환하게 웃으면서 대답했다.

나는 엄마를 마주보고 환하게 웃을 수 없었다. 엄마가 그 프로젝트를 얼마나 열심히 준비했는지를 얼마나 기대했는지를 알고 있었기 때문에.

하지만 그럼에도 불구하고 전복죽이 그 인상을 찌푸리게 할 정도로 맛없던 전복죽이 제주도 해변에서 바다를 보면서 먹었던 전복죽보다 훨씬 최고급 호텔에서 먹었던 전복죽보다도 훨씬 더 맛있게만 느껴졌다. 잊을 수 없는 전복죽을 먹으면서 나는 활짝 웃는 엄마를 바라보았다.

혹시 맛없는 전복죽을 맛있게 먹는 방법을 아시나요?

그건 바로…….

이 글을 읽고 많은 생각과 감정이 교차했다. 내가 대학원에서 했던 생각, 자신의 주장이 있고, 스스로 사고할 수 있는 아이를 키우고 싶다는 그때의 바람대로 사랑이가 잘 커줘서 정말 자랑스러웠다. 이제는 제법 '작가' 냄새도 나는 것 같고, 전에 읽던 독후감과는 차원이 달라보였다.

한편으론 마음이 아팠다. 사랑이가 중학교를 들어가면서 시작된 나의 사회활동이 아이에게 상처가 된 것은 아닐까? 상담을 오는 아이들도 이런 경우가 많은데, 말은 안 해도 힘들어서 저런 글을 쓴 것은 아닐까? 아이의 중요한 시기에 내 욕심을 부린 것은 아닌가?

저녁에 아이 방에 갔다.

"사랑아, 글 읽다가 보니 엄마 맘이 왠지 좋지 않더라. 너 혹시 엄마가 일하러 나가서 싫고 힘들었니?"

"크크크, 그렇게 얘기할 줄 알았어. 엄마, 소설은 소설일 뿐이야, 엄마가 매일 없는 것도 아니고, 가끔은 불편하고 그런 마음이 들 때도 있지만, 오히려 엄마 일 열심히 하는 거 보는 게 신기하고 자랑스러워. 걱정하지 마."

아이의 표정은 밝다. 아마 사실일 것이다. 밤에 남편과 얘기하다 보니 남편도 같은 얘기를 한다.

"엄마가 집에만 있는 것이 오히려 더 바람직하지 못한 모습일 수도 있어. 요즘은 네가 바쁘기는 하지만 오히려 활력도 있고 아이들에게 자극도 되고 좋은 모범이 될 것 같아. 사랑이가 커서 가정과 일을 병행하게 되도 좋은 모델도 되고."

아이를 키워보니 자녀가 어릴수록 부모의 손길이 더 필요하다. 그런데 지인이나 상담을 온 부모 중에는 반대의 경우가 종종 있다. 물론 개인적인 책임보다는 사회적인 책임이 더 크다. 다양한 이유로 아이의 유소년기에는 직장생활을 하다가 자녀가 중학교에 들어가면서 아이에게 올인하는 경우인데, 내 생각에는 바람직하지 않다.

직장생활과 주부의 역할을 같이하는 것은 당연히 힘들다. 아무래도 자녀와 시간을 보내지 못하기 때문에 그만큼 자녀의 많은 부분을 다 채워주지는 못하지만, 두 가지 다 잘하는 경우도 있다. 나름의 방식은 다르지만 공통점도 있었다. '있을 때 잘해.'이다. 하루에 두세 시간 정도는 아이에게 집중하는 것이다. 지시하거나 지적하지도 않고 아이의 말을 충분히 들어주고 공감해주는 것이다.

반대의 경우는 두세 시간 동안 공부에 대한 이야기만 하거나 다른 집안일로 아이에게 집중하지 못하는 것이다. 그러면서 아이와 보낼 시간이 없다고 시간 탓을 한다. 자녀와 하루 종일 지내면서도 단 한 시간도 대화하지 않는 가족도 있다. 시간을 탓하기 전에 그 시간만이라도 잘 보내면 된다. 있을 때 잘하자.

'힘들다'와 '어렵다'의 차이

아이를 낳아서 키우다 보면 힘들다는 말이 저절로 나온다. 밤에 잠도 제대로 못자는 경우도 있고, 아파도 아프지 못한다. 일일이 손이 많이 간다. 집안 관리도 해야 사회활동을 하려 해도 쉽지가 않다. 직업이 있다면 더 힘들다.

자녀양육은 사춘기가 되면 더 어려워진다. 두 아이의 표현 방식이 달랐고 모두 힘들었다. 아이들의 마음을 헤아리고 맞추는 것도, 사춘기의 객기로 부모를 비난하는 것도 힘들었다.

사춘기 자녀의 양육은 불확실성의 연속이다. 입시도 결과가 나오기 전까지는 누구도 모르는 것이며, 아이의 장래 역시 눈에 보이는 것이 아니다. 청소년 자녀의 건강한 정서상태도 사실은 누구도 모른다. 그러기에 청소년 자녀의 양육은 어렵다. 또 다른 사람의 성공한 양육방식이 내 아이에게 반드시 잘 맞는 것은 아니다. 그러니 또 어렵다. 불확실하고 연습도 없으니 정말 어렵다.

그래도 한 가지 확실한 것은 아이와 지속적으로 이야기를 하면서 조절해 나가는 것이 최선이라는 것이다. 상담전문가의 입장으로, 대화하면서 천천히 시행착오를 겪어가는 것이 가장 빠른 지름길이며 가장 좋은 방법이다.

꿈이 먼저다

에페수스

고등학교에 진학하자 사랑이는 서클활동을 시작했다. '판타지 창작부'이며 '에페수스'라는 별칭으로 불리는 서클이었다. 글과 그림을 그려서 문집을 내고, 특이하게 타로를 이용해 축제기간에 점을 봐주는 서클이었다. 1학년은 누구나 하나는 들어야 한다는 규정 때문에 활동은 하지만 공부에 더 집중하기로 했다. 그러나 서클활동을 하면서 사랑이는 문집을 내는 것과 타로 점을 보는 것에 푹 빠졌다. 문집이야 항상 관심이 많은 것은 알았지만 갑자기 타로에 관심을 가져서 당황했다. 가을이 되자 사랑이가 에페수스에 대해 이야기 했다.

"아무래도 부장 일을 해야 할 것 같아."

"넌 안한다고 했잖아. 아무래도 공부에 지장을 주고, 수능 공부를 더 하기로 했잖아."

"선배님들도 그렇고, 친구들도 이미 내가 할 것으로 생각해."

"그래도 좀 그런데."

"그리고 부장이 되면 하고 싶은 것이 있어. 정말 멋있게 문집을 만들고 싶어. 공부도 열심히 해볼게."

결국 사랑이는 부장을 맡기로 했다. 2학년이 시작되자 '에페수스'의 부장일이 시작되었다. 사랑이는 이미 1년간의 계획이 있었다. 문집의 이름은 〈창작을 위한 특별한 갈굼〉이라고 지었다. 사랑이는 '에페수스'가 단순히 판타지 창작에 머무르기보다는 문학 문집을 만들고 싶어했다. 자신의 힘으로는 부족했기 때문에 친구들과의 협동은 필수였다. 다행히 같이 서클에 들어간 친구들은 사랑이에게 전폭적인 지지를 보냈다. 또 후배들을 위해 문학 교육을 체계적으로 시키기를 원했다. 이런 행동이 학교 방침과는 괴리가 있어서 서클 선생님과의 지속적인 의견 교환은 필수이며, 가끔은 선생님을 설득해야 했다. 시간이 갈수록 일이 많아졌다. 여름방학이 되자 많은 부원들이 공부때문에 서클에 시간을 내지 못하게 되었다. 사랑이는 2학년 친구들을 설득하고 개인적으로 일을 분배하고, 또 소설 파트와 그림 파트의 장들을 독려했다. 1학년 장에게는 선배들을 도울 수 있도록 지시를 내렸고, 이 일이 내년에 1학년에게 도움이 된다고 설득했다.

2학기가 시작되자 '에페수스' 활동에 더 많은 시간을 보냈다. 학습에 지장이 있지만 그래도 열정적으로 했다. 난 사랑이의 이런 열정을 좋아한다. 성적의 측면으로 보면 독이 되는 일이다. 그렇지만 이런 열정은 아무나 가질 수 없는 것이며, 언제나 가질 수 있는 것도 아니다. 수많은 상담에서 열정만 있다면 행복해질 수 있는 많은 청소년들을 만났다. 그러니 하지 말라고 할 수도 없다. 사랑이는 진행사항을 중간중간 자랑스럽게 이야기 하고 고민을 얘기하곤 했다. 나는 가끔 조언을 하고 격려도 한다. '천년제'라는 축제 기간이 다가오자 거의 밤 12시까지 '에페수스'의 일로 바쁘다. 마무리가 다가오고 있다.

문집이 나오고 축제가 끝나자 사랑이는 많은 친구와 선생님에게 호평을 받았다. 1년 내내 많은 갈등이 있었던 서클 선생님조차 사랑이에게 대단하다는 칭찬을 했다. 말로만 칭찬을 한 것이 아니라 생활기록부에 그동안 사랑이가 했던 활동에 대해 자세히 기록하고 그런 활동이 서클 발전에 많은 도움이 되었으며 서클 장으로서의 덕목이 훌륭하다고 칭찬했다. 반에서 친하지 않던 친구들도 문집을 받기를 원했다. 사랑이의 글이 너무 좋다는 말과 문집이 너무 재미있고 알차다는 칭찬은 사랑이를 기쁘게 했다.

공부를 할 때는 공부에만 신경을 쓰는 것이 성적에 가장 도움이 된다. 아무리 우수한 아이라 해도 신경이 분산되면 집중력이 떨어지기 마련이다. 여기서 중요한 질문은 청소년기에는 오로지 공부를 위해 모든 시간을 소비해야 하느냐이다. 이 질문에 정답은 없다. 그러나 난 공부 이외의 많은 경험을 가지게 하고 싶었다.

나는 서울대 학생생활연구소에서 상담을 한 적이 있었는데, 많은 고학력자와 전문직에 종사하는 사람과 상담을 하면서 경제력, 외모 그리고 학력은 결코 행복을 담보하지 못한다는 것을 새삼 깨달았다. 오히려 열정이 있는 사람이 해결책을 찾는 경우가 많았고, 자존감이 있으면 더 좋은 결과를 내놓았다. 그리고 가족이 화목한 사람이 상담 오는 경우는 드물었다. 공부만으로 인생이 행복해지지는 않는다.

타로의 신

타로는 사랑이를 학교뿐 아니라 동네에서 유명인사로 만들었다. 서클활동을 하면서 글을 쓰는 것은 사랑이에게는 특별한 것은 아니었다. 그런데 사랑이에게 새로운 취미가 생긴 것이다. 타로 책을 구해서 혼자 공부를 하고 인터넷으로 연구하기 시작했다. 타로는 단순히 많이 공부한다고 해서 잘 할 수 있는 것이 아니다. 말도 잘해야 하고 타인의 감정과 잘 교감해야 한다. 단순히 카드의 내용을 설명하는 것으로는 부족하다. 그런데 사랑이는 두 가지 모두 잘한다. 조리 있게 설명하고 쉽게 이해할 수 있게 할 뿐 아니라 그 짧은 시간에도 처음 보는 사람의 감정을 읽고 파악하는 능력이 탁월하다. 당연히 인기가 있을 수밖에 없다.

1학년 때 이미 학교에서는 모르는 사람이 없는 유명인사가 되었다. 사랑이는 감기 기운이 있어 축제에 겨울 목도리를 하고 갔는데, 친구들 사이에는 갈색 체크 목도리를 한 아이에게 타로점을 보라는 이야기가 돌았다. 쉬는 시간 10분과 점심시간만으로 수백 명의 학생과 선생님, 그리고 방문객들이 타로점을 보았고, 아이들은 쉬는 시간마다 사랑이 반으로 찾아오곤 했다. 사랑이가 수학학원에 다닐 때는 다른 학교 학생도 알 정도였고, 학원선생님에게도 타로점을 보라고 알려주었다.

타로는 사랑이에게 단순히 점을 보는 것 이상의 의미가 있다. 짧은 시간이었지만 많은 학생, 선생님들과 대화를 하고 그들의 사생활과 내면의 이야기를 듣고, 그들의 표정과 감정을 느끼고 그들에게 좋은 충고나 덕담을 하는 과정에서 많은 것을 배웠다.

한 번은 학교선생님이 자녀를 데리고 와서 학습운을 봐달라고 했단다. 학습운이 특별히 나쁘지도 않았지만 그렇다고 선생님 마음에 들 정도로 좋지도 않았다. 아이와 선생님과 이야기를 나누면서 선생님은 아이에게 아주 높은 기대를 하고 있다는 것을, 아이는 좀 지쳐있다는 것을 알게 되었다. 마지막에 아이가 많은 가능성이 있다고 말했으며, 다만 아이의 의견을 좀 따라주는 것이 도움이 된다는 말을 하였다. 둘은 만족해 했다.

평소에 잘 모르던 친구가 와서 연예운을 봐달라고 했다. 뽑은 카드에는 남자 친구가 있고, 잘 안 되는 것으로 나왔다. 문제는 그 학생이 너무 심각했다는 점이다. 그저 잠깐의 놀이로 생각하면 좋을 텐데, 심각한 모습에 카드의 결과와 희망적인 이야기를 섞어 친구의 마음을 상하지 않게 했단다.

사랑이가 타로 점을 잘 보았다는 것은 생활기록부에 기재되었다. 타로점으로 많은 사람들의 운도 해석하고 덕담도 해주고 마음도 위로해주었다고 적혀 있다. 고등학교 생기부에 타로점을 잘 본다고 칭찬 받은 학생이 또 있을까?

타로는 사랑이에게 사람의 심리와 상담 그리고 이런 모든 것에 대한 희망을 가지게 하였다. 사랑이가 가지고 있는 여러 가지 꿈 중에는 타인의 삶에 영향을 주는 있는 일에 대한 열망이 있다. 상담을 하고, 강연도 하고 싶어한다. 물론 글도 쓰길 원한다.

친구를 얻다

민경, 지수, 경민, 수민, 같은 이름의 민경, 태연 등등. 난 사랑이 친구 이름을 많이 알고 있다. 마누라, 형님 등 별명도 안다. 사랑이는 친구가 많다. 가끔 속상한 일이 생기면 밤 12시에도 위로해 주는 친구들이 있다. 같이 어두운 양재천을 걸으며 몇 시간이고 위로해 주기도 한다. 사랑이가 많은 능력을 가지고 있다고 믿어주고 특별하다고 생각해 주는 친구들이다.

많은 청소년이나 20대들의 친구 관계를 보면, 친구 이름 하나 대지 못하는 청소년도 있고, 명문대에서 서클 장으로서 많은 모임과 친구를 가지고 있지만 마음속 이야기 한 번 해보지 못한 대학생도 있다. 인터넷으로 활발하게 활동하지만 자신의 속 이야기는 한 번도 해보지 못한 이도 있다. 동창회 등 많은 사회적 관계가 있지만 그런 모임관계를 친구라고 말하지는 않는다.

1학년 말에 시험이 끝나고 사랑이가 친구들과 하루 종일 놀기로 약속하고 아침부터 에버랜드에 갔다. 오후 늦게 서울로 와서는 강남역에서 미리 약속한 저녁을 먹고 집 근처의 카페로 왔다. 무슨 할 이야기가 그리 많은지 아이들은 쉴 새 없이 수다를 떨고 게임도 하고 인터넷을 보고 토론도 한다. 그러다 공원에서 산책도 하고 가벼운 운동도 한다. 새벽까지 아이들은 열심히 이야기하고 논다.

이것을 단순히 '노는 것'으로 치부하면 안 된다. 혹은 '의미가 없다.'라고 폄하해서도 안 된다. 이것은 단지 청소년에만 국한된 것이 아니다. 만나서 의미 있는 토론이나 혹은 사회적으로 가치 있고 이익이 연관된 행위만이 우리에게 필요한 것은 아니다. 오히려 공부보다 소소한 이야기를 나누는 시간이 더 필요한 경우가 많다. 이런 소소한 이야기에서부터 꿈에 대한 이야기, 집안 얘기 같은 개인적인 속내도 자연스럽게 이야기 하게 된다. 이런 과정에서 서로를 이해하고, 나아가 다른 이에 대한 배려심도 생긴다.

친구란 오랜 시간 많은 일을 함께 겪으면서 만들어진다. 성격도 다르고 성향도 다르며 반대적인 면도 있다. 그러나 서로의 다름은 친구가 되는데 어려움은 될 수 있어도 불가능 하지 않으며 오히려 더 단단해지는 것을 보았다. 마치 친구를 만드는 것은 꿈을 키우는 것과도 비슷하고, 결혼생활을 만들어 나가는 것과도 비슷하다.

재수하길 잘 했다

선택은 내가 한다

사랑이는 굉장히 열정적인 아이다. 키우는 내내 즐겁고 흥미 있는 여러 가지 일을 했다. 고등학교를 다니는 동안에도 친구들과도, 학교에서 서클활동도 열정적으로 했다. 그래서 우리는 사랑이의 재수를 반대했다. 충분히 대학을 다니면서도 잘 할 수 있을 거라고 생각했다. 그러나 사랑이의 생각은 달랐다. 아마 스스로 많은 생각을 했을 것이다. 그리고 선택을 했다.

"재수할 거야. 공부에 대해 조금 후회도 있고, 한 번 더 후회 없이 해보고 싶어."

우리는 아이의 결정에 따랐다. 다른 아무리 좋은 의견도 아이의 선택과 결정보다 좋은 것은 없다. 이것은 우리가 두 아이에게 지켜온 원칙이다.

수험생활의 성공 여부는 공부를 시작하기 전에 결정되는 경우가 많다. 부모는 가장 좋은 강사와 명성 있는 학원이 가장 중요하다고 생각하겠지만 시작은 거기가 아니다. 먼저 왜 이번 시험에서 원하는 점수가 나오지 않았는지, 앞으로 1년을 어떻게 보내야 하는지에 대한 이야기를 나눴다. 공부는 2월부터 시작해도 충분하다고 결론을 내렸다. 사실 2월도 빠르다. 다만 재수를 하는 친구들이 1월에 벌써 학원으로 갔기 때문에 마음의 안정을 위해 2월로 잡았다.

재수종합반과 기숙학원 그리고 독재학원 중에 독재학원을 선택했다. 실패의 원인을 불충분한 공부시간으로 보았기 때문이다. 그리고 국어를 가장 문제가 있는 과목으로 정했고, 인강 선생님도 한 과목씩 결정해 나갔다. 9개월을 6월 모의고사와 9월 모의고사로 나누어 공부 계획도 대략적으로 정했다. 계획은 대부분 아이가 아빠하고 정했다. 과목마다 잘 안된 이유를 이야기하고 보충하는 방법도 이야기 했다. 반복해서 하는 방법도, 오답 노트의 중요성도 서로 합의했다. 파이널 때 무너진 이유에 대해서도 이야기 했고, 감정의 기복이 생길 때 서로 어떻게 할 것인지도 정했다. 우리가 양보할 것은 양보하고 사랑이가 부족하고 점수에 도움이 된다고 합의한 것은 사랑이가 하기로 했다. 논술도 방향을 잡았다. 정시, 수능이 주 목표이지만, 서강대와 이화여대의 논술에는 최소한의 시간을 투자하기로 했다. 대부분의 결정은 사랑이가 했다. 물론 우리가 충분한 정보를 주기도 하고 우리의 의견으로 설득하기도 했지만 결정은 늘 아이의 몫이다.

공부를 열심히 하는 것이 가장 중요하지만 무작정 열심히만 하는 것은 좋은 방법이 아니다. 큰 목표를 정하고 과거에 대한 반성으로 아이가 스스로 변해야 재수의 의미가 있다. 무작정 열심히 한다고 성적이 올라가지는 않는다.

1년은 금방이다

경제적인 부담을 제외하면 재수기간은 고등학교 3학년보다 쉽다. 부모도 쉬어야 하기 때문에 12월에 공부를 시작하는 경우는 드물다. 2월이나 3월부터 시작한다고 하면 공부기간은 3학년 때보다 3개월 이상 줄어든다. 게다가 학교보다 학원은 더 엄격하기 때문에 저녁 10시 전에 아이들 얼굴 보기는 어렵다. 이렇게 생각하면 재수는 3학년 때보다 할 만하다. 또 이미 웬만한 입시 정보는 다 가지고 있기 때문에 부산스럽게 정보를 얻으려고 노심초사 할 필요도 없다.

그런데도 재수는 힘들다. 또 실패하면 안 된다는 마음이 힘들게 한다. 나 역시 그랬다. 또 실패를 하면 어쩌나, 혹은 아이가 힘들어 하거나 마음먹은 대로 되지 않으면 어쩌나 하는 불안과 걱정이 들 때마다 마음이 많이 힘들다.

아침에는 주로 내 몫이 많다. 깨우고 먹이고 매일 5시 반에 일과를 시작한다. 밤에는 아빠가 매일 마중을 나갔다. 지난 10개월간 하루도 빠지지 않았다. 일요일에는 사랑이가 특별한 계획이 없으면 같이 지냈다. 공부하라는 잔소리보다는 쉬라고 하는 것이 차라리 더 도움이 되고, 부족하다는 지적보다는 잘 했고 수고한다는 말이 단 1점이라도 아이에게 더 도움이 된다.

주말에는 1주일간의 학습에 대한 점검도 하고 다음 1주일에 대한 계획을 서로 이야기 했다. 또 한 달이 새로 시작되면 지난 달에 대한 반성과 다음 달에 대한 계획에 대해 이야기 했다. 고3보다 사랑이와의 관계가 훨씬 좋아졌다. 사랑이도 객관적인 사실에 대해서는 수긍하고 바꾸려고 노력했고, 우리도 아이의 마음을 더 이해하려고 했다.

모든 것을 얻은 1년

사랑이가 재수 기간을 즐겁게 보낼 수 있었던 이유는 친구들 때문이다. 중학교 3학년부터 이어져 온 친구들과 최소한 한 달에 하루는 원 없이 놀고 들어온다. 사랑이는 저녁 11시에 친구들과 주말에 놀 계획을 짠다. 그 시간은 간섭을 받거나 눈치를 보지 않는다. 한 달에 한 번이지만 친구와 만나는 시간은 다음 한 달을 위한 에너지가 된다.

또 일주일에 한 번은 헬스를 했다. 비교적 싼 가격에 집 근처에서 PT를 시작했다. 1년간 꾸준히 했다. 다행히 체중도 조금씩 조절이 되고 체력도 꾸준히 유지되었다. 운동하는 것도 좋아해서 가끔은 근육통 때문에 며칠씩 고생하기도 했다. 우리는 달력을 넘기면 먼저 한 달 동안 놀 계획부터 정한다. 그리고나서 학습 목표에 대해 이야기를 나눈다.

사랑이의 공부 습관이 무섭게 변했다. 고등학교 3학년 때와는 공부하는 시간도, 집중력도 너무나 달라졌다. 특별한 슬럼프에 빠지지도 않고 어떤 문제가 생기더라도 학습에 지장을 주지 않기 위해 나름의 최선을 다했다. 하루도 어영부영 시간을 보내지 않았고, 모르는 것을 포기하지도 않았다. 이런 변화는 매우 중요하다. 공부를 하면서 즐겁다는 표현을 자주했다. 그리고 자신이 좋아하는 것 외에도 최선을 다하려고 했다. 특히 논술 공부는 하지 않으려 했지만 그래도 서강대와 이화여대 공부는 약속대로 했다. 자습관에 있는 동안은 집중력을 최대한 발휘하려 노력했다. 이런 변화는 고3 때에 비할 수 없는 공부 양으로 다가왔다. 공부 양이 늘면서 차츰 포기했던 어려운 문제도 쉽게 처리할 수 있게 되었다. 자신감은 점점 좋아졌다.

어쩌면 짧은 10개월이지만 사랑이는 친구와의 관계도, 좋은 공부습관도 가지게 되었다. 또 가장 중요한 것은 마음의 안정이었다. 사춘기 자녀가 그렇듯이 사랑이도 감정의 기복이 크고 자신의 감정에 잘 빠지곤 했다. 그런데 고3과는 다르게 이성적으로 판단하고 자신의 감정을 적절히 조절하는 모습을 보였다. 많이 성숙해졌다. 그래도 마지막 수능에 대한 불안감은 어쩔 수 없었다.

서강대에 가다

여름이 자나면서 차츰 자신감이 생겼다. 대성 모의고사에서 만점 받은 적도 있고, 국어를 제외하고는 계속 안정적인 점수가 나왔다. 다행이 9월이 지나면서 국어 점수도 안정이 되었다. 마치 자신이 가지고 있는 모든 것을 쏟아붇는 것처럼 열정적으로 했다.

"후회 없다."

현대고등학교에서 수능을 보았다. 작년엔 경기여고에서 수능을 보았고, 사랑이는 교문을 나오면서 울었다. 그때 아팠던 마음이 아직도 그대로 느껴져 시험이 끝날 무렵에는 마음이 편치 않았다. 사랑이가 나왔다. 웃으면서 만족한다고 했다. 그렇지만 생각보다 점수가 나오지 않았다. 수학은 100점인데 국어가 83점이다. 최선을 다했다고 생각했는데 결과가 실망스러웠다. 이제 남은 것은 논술에 최선을 다하는 것이다. 서강대와 이화여대만 보기로 했다. 성균관대와 고려대는 포기했다. 마음이 많이 힘들지만 사랑이는 마지막까지 논술 준비를 잘했다. 다행히 두 학교 모두 준비를 했던 덕분에 도움이 되었다.

사랑이는 작년에도 논술 시험을 5번 보았지만 모두 떨어졌다. 그 학교 중에 서강대를 가장 좋게 생각했다. 연세대와 고려대 캠퍼스보다도 서강대가 더 예쁘다고 말했다.

드디어 서강대 인문계열에 합격했다.

요즘엔 희망이가 고등과학원에서 공부 중이다. 1주일 동안 기숙을 하면서 이론 물리만 공부하고 있다. 바빠서 얼굴보기도 힘들다.

사랑이는 더 바쁘다. 대학에서 공부하고 싶은 것, 외국어, 아르바이트, 글쓰기 그리고 미용에도 관심이 많고, 친구들과 그동안 하지 못했던 것도 너무 많은 것 같다. 시험이 끝난 지 한 달이 지났지만 스케줄이 없는 날을 찾기가 힘들다.

• 꿈에 대한 이미형 선생님의 생각 ①

뜬구름 같아도 괜찮다

나는 앞에서 두 자녀를 키우면서 깨달은 독서, 놀이, 학습, 대화에 대해 이야기 했습니다. 이것은 자녀를 키우는 데 중요한 요소이며, 건강한 자립을 위한 초석이 된다. 유소년기부터 좋은 독서 습관을 만들어 주고, 자녀에게 놀이에서 얻는 기쁨과 사회적 규범을 알게 하고, 스스로 공부할 수 있게 도와주며, 끊임없는 대화를 통해 정서의 소통과 신뢰를 쌓아가는 것은, 자녀가 건강한 성인으로서 사회에서 자신의 가치를 실현하기를 원하기 때문입니다. 이렇게 자녀가 건강하게 자립하는 데 마지막으로 필요한 것이 있다면 그것은 자녀만이 가지고 있는 꿈입니다. 그리고 그 꿈은 네 가지(독서, 놀이, 학습, 대화)가 적절히 조화를 이루어 만들어집니다.

심리학에는 '자아'와 '행복'이라는 단어가 무수히 언급됩니다. 자아

란 자기 자신의 특성을 나타내는 것으로 신체, 개인적 특성, 가치관, 희망 등을 모두 포함한다고 합니다. 또 '자아 존중감(self-esteem)은 정의가 명확하지 않지만 자신이 가치 있고 유능한 존재라고 믿고 느끼는 주관적 평가입니다. 그래서 자아존중감이 높은 사람은 스스로 가치 있고 중요하다고 느끼며, 낮은 사람은 스스로를 중요하지 않다고 느낍니다.Stanley Coopersmith, 1926~1979 이미 많은 논문에서 자아 존중감이 낮은 사람은 비행, 자살, 우울 등 다양한 심리적 문제를 가지고 있으며, 여러 가지의 범죄와 성적 문제와도 유의미한 관계가 있다고 합니다. 이처럼 자아 존중감은 개인의 행복에 가장 중요한 열쇠로 인식되고 있습니다.

꿈은 내담자에게 있는 심리적, 정서적 문제를 전부 해결해 주지는 못하지만 어느 정도 도움이 되는 경우를 보곤 합니다. 아버지의 사업을 중국에 진출시켜 보겠다고 노력하는 내담자와 자신이 만든 물건을 (비록 많은 이익이 생기지는 않지만) 인터넷에서 팔던 내담자도 그 꿈을 위해 노력하는 동안에는 심리적인 여러 가지 병리현상에서 자유로웠습니다.

반대로 무기력 증세에 빠지는 많은 내담자의 공통된 말은 "하고 싶은 것이 없어요. 좋아하는 것도."입니다. 현재 처한 각자의 상황은 다르지만 작은 바람이 있고, 하고 싶은 것이 있다면 최소한 무기력하지는 않습니다. 반대로 경제적 여유가 있고, 좋은 학벌과 남이 부러워하는 스펙과 뛰어난 외모와 좋은 직업이 있어도 하고 싶은 것, 좋아하는 것이 없어 무기력하게 지내는 사람도 많습니다.

많은 청소년이 오포 시대에 살고 있다고 자학하는 시대입니다. 전 꿈이 자녀에게 지금 처한 현실은 각자 다르지만 자신이 소중한 존재라고 느끼게 할 수 있다고 생각합니다. 이것이 꿈이 가지고 있는 가장 큰 장점이자 매력입니다. 나 역시 박사 과정을 포기하고 가정에서 더 많은 시간을 보내면서도 내가 가지고 있던 꿈을 포기한 적이 없습니다. 나는 항상 '전문심리상담가'라는 생각을 했고, 시간이 날 때마다 노력을 기울였습니다.

현재의 자신의 모습, 환경은 다르지만 꿈을 꾸는 모습은 누구나 같습니다. 꿈을 꾸고 노력하는 것은 자신이 가치 있다는 것을 증명하는 것입니다.

꿈이 과정이며 긴 여정이다

꿈은 하루아침에 하늘에서 떨어지는 선물 같은 것이 아닙니다. 꿈은 가꾸고 키워 나가는 끝이 없는 과정입니다. 희망이의 초등학교 기록부에 장래희망은 이론물리학자였습니다. 처음 '별자리 그림책'을 보고 아이가 우주에 대해 알고 싶다고 이야기 했을 때도, 초등학교 때 이론물리학자(어디서 들었는지 모르지만)가 되겠다고 했을 때도 아이의 상상에 불과했니다. 그러나 지금은 서울대 물리학과를 다니고 있으니 이제는 구체적이며 실현 가능한 꿈이 된 것입니다. 그러나 아직은 과정이며 긴 여정의 어느 부분입니다. 사랑이가 5학년 말에 소설을 써야겠다고 했을 때, 초등학생의 희망사항에 불과했지만 현재는 매년 소설 한 편을 쓰고 있습니다.

상담에서 만난 많은 청소년, 성인들과 꿈에 대한 이야기를 합니다. 누구나 한때는 좋아했거나 하고 싶었던 것이 있었습니다. 그러나 언제부턴가 그 꿈이 사라지고 희미해져 본인조차도 잊어버리게 됩니다. 여기에는 여러 가지 이유가 있습니다. 그 중 하나는 꿈이 자신의 삶만큼이나 길고 긴 여정이라는 것을 모르고 있기 때문입니다. 꿈이 당장 눈앞에서 이루어지는 것이라면 성공과 실패에 목을 매게 됩니다. 그러나 길고 긴 여정이라고 생각하면 실패가 아닌 시행착오가 있을 뿐이며, 언제나 '할 수 있다.'라는 마음이 생깁니다. 만약 희망이가 중학교 과학시험에서 중간 정도의 성적을 받아서 '내 꿈은 깨졌다.'라고 생각했다면, 사랑이가 '마로니에 백일장'에서 떨어지고 좌절했다면 아이들의 꿈은 사라지고 마는 것입니다.

꿈은 긴 여정이라는 것을 어린 자녀가 먼저 깨닫고 실천하기는 어렵습니다. 그래서 부모는 자녀가 꿈꾸던 것에 실망하거나 좌절할 때 오랜 시간동안 옆에서 가르쳐 주어야 하는 것입니다. 생각했던 것보다 잘못되었다 하더라도, 혹은 노력한 것에 비해 결과가 만족스럽지 않더라도 이것은 실패가 아닌 시행착오이며, 이 실패조차도 꿈을 향해 한 발자국 더 나아간 것이라고 말해주어야 합니다.

꿈을 빼면 자녀와 대화거리가 적다

초등학교 고학년 자녀와의 대화는 생각보다 어렵습니다. 동네 주민이나 직장에서 같이 일하는 사람들과는 대화가 술술 잘 됩니다. 그것은 서로 공유하고 있는 주제가 명확하기 때문입니다. 그런데 10세가 넘은 자녀와 공유하고 있는 주제가 많다면 다행이지만 생각보다 그렇지 않습니다. 자녀와 집안의 경제적인 문제를 말할 것도 아니고, 집안문제를 의논하기도 어렵습니다. 또 부모의 어려움에 관한 이야기도 자녀와 하기에는 적절하지 않습니다. 이렇게 대화의 주제가 빈약하다 보니 만나기만 하면 공부에 대한 잔소리를 하는 것입니다.

우리 가족은 자주 함께 산책을 나갑니다. 여름에는 빙수가게를 찾아다니기도 하고 겨울에는 따뜻한 커피와 음료 두 잔을 놓고 앉아서 이야기하기도 합니다. 가끔은 카드게임이나 보드게임을 하기도 하지만 그저 넷이서 잡담을 하기도 합니다. 정치와 현재 이슈가 되는 것에 대해 토론하기도 합니다. 그렇지만 언제나 같이 할 수 있는 이야기는 개개인의 꿈에 대한 이야기입니다. 올해 이루고 싶은 것이나 10년 후에 원하는 것에 대해 이야기합니다. 가끔은 몽상같기도 하지만 가끔은 진지하기도 합니다.

"무슨 이야기를 해야 할까요?" 상담에서 이미 큰 자녀를 둔 부모들은 가끔 이런 질문을 합니다. 대화를 하려고 해도 어떤 주제로 이야기를 해야 할지 모르는 경우가 많다고 합니다. 만약 유소년기부터 쌓인 추억이 많다면 이야기를 시작하기가 수월하겠지만, 그렇지 않다면 아이가 좋아하고 원하는 것에 대한 이야기로 시작하는 것이 좋습니다. 자녀의 꿈에 대한 대화는 이야기가 계속 이어진다는 장점이 있습니다. 꿈이란 내일 당장 이루어지는 것이 아니기 때문에 관심을 가지고 지켜보면 계속적으로 이야기 할 것이 생깁니다. 그러니 자녀의 꿈에 대해 이야기하다보면 자녀를 좀 더 이해하게 될 것입니다. 또한 자녀에게는 부모가 자신에게 많은 관심을 가지고 있다는 느낌을 주게 됩니다. 상대방을 이해하고 아는 만큼 대화는 길어지고 깊어집니다. 어느 날 훌쩍 커버린 자녀와 갑자기 대화가 잘 될 수 없습니다. 그렇지만 자녀의 꿈을 통해 자녀를 이해하기 시작하면 자녀를 더 많이 알 수 있고 생각보다 더 진지한 대화가 될 수 있습니다.

행복한 추억과 상상만 해도 즐거운 꿈

심리상담에서 '행복'은 너무 자주 언급되는 주제입니다. 내원하는 내담자도 대부분의 경우 자신이 행복하지 않았다고 생각하기 때문에 심리 상담을 받으러 오는 것입니다.

사실 행복은 주관적인 관점이기 때문에 많은 철학자와 심리학자들은 행복에 대해 정의를 하지 않거나 정의할 필요가 없다고 했습니다. 그래도 행복은 삶에서 너무 중요합니다. 나이든 어르신은 내일의 행복을 위해 오늘 고생을 하는 것이 맞다고 하고, 또 젊은이들은 오늘 행복해야 내일도 행복할 수 있다고 말합니다.

남편은 고등학교 동창을 1년에 한 번 정도 만납니다. 서로 바빠서 자주 만나지는 못하지만 남편도 친구들을 만나는 것을 좋아합니다. 몇 년 전에 친구들을 만나고 집에 왔습니다. 11시가 넘어서 들어 왔고 술을 먹고 왔습니다. 남편은 기분이 좋았습니다. 이야기를 들어 보니 작은 술집에 갔는데 술집 사장은 연배도 비슷하고 옆 고등학교를 졸업했습니다. 술을 마시는 동안 그 사장은 남편과 친구들이 적어 주는 그 시대에 유행했던 음악을 틀어 주었습니다. 그리고 모두가 추억에 잠겨 흥겹게 떠들었습니다. 이런 이야기 하면서 남편은 즐거워했습니다. 남편이 오늘 행복했던 것은 추억할 수 있는 과거가 있었기 때문입니다.

희망이가 대학에 입학했을 때 남편은 아이들이 어릴 적에 비디오로

찍어두었던 것을 디지털로 바꾸어 왔습니다. 모두가 앉아서 벌써 10년 이상이 지난 과거의 우리의 모습을 보면서 행복해 했습니다.

상담하다 보면 미래에 대한 바람이나 꿈에 대한 이야기를 하면서 흥분하며 즐거워하는 청소년을 만나기도 합니다. 미래에 대한 꿈을 얘기하는데 슬프거나 화가 날 일은 없습니다. 오늘 행복했던 이유는 오늘 무언가가 이루어져서라기보다 즐거운 추억과 이루고 싶은 미래가 있어서입니다.

추억할 수 있는 과거와 꿈꿀 수 있는 미래가 있다면 충분히 언제나 행복할 수 있습니다. 오늘 이루어지지 않았더라도 행복합니다. 특히나 꿈은 긴 여정이기 때문에 꿈꾸는 동안 내내 행복할 수도 있습니다. 그런데 과거는 바꿀 수 없습니다. 지난 시간을 되돌린다 해도 행복해진다고 장담할 수는 없습니다. 지금 좀 더 행복하려면 미래에 대한 꿈이 있으면 무조건 좋습니다. 그 꿈을 이루는 과정에서 언제나 회상할 수 있는 즐거운 추억이 생긴다면 더 바랄 것이 없습니다.

오늘 행복한 것은 추억할 수 있는 과거가 있고, 꿈꿀 수 있는 내일이 있기 때문입니다. 과거는 바꿀 수 없지만 꿈은 누구나 꿀 수 있습니다.

●꿈에 대한 이미형 선생님의 생각 ②

꿈을 키우는 7단계

"boys, be ambitious!"

이 말은 미국인 교수가 오래 전에 한 유명한 말입니다. 이 말이 아니더라도 학생들에게 꿈, 야망을 가져야 한다는 수많은 조언과 강연은 많습니다. 꿈에 대한 대중의 인기는 유행처럼 폭발했다가 조금 사라졌다가를 반복합니다. 꿈은 그저 말로 듣는다고 해서 시작할수도, 이루어지기도 어렵습니다. 꿈을 키우고 그 꿈을 향해 나가는 것이 쉬운 일이라면 심리상담은 사라졌을 직업입니다.

앞서 언급한 독서, 놀이, 학습, 대화가 조화를 이루면서 자녀의 꿈은 시작되고 키워집니다. 이제 상담을 하면서 깨달은 자녀의 꿈을 키우기 위해 부모가 할 수 있는 몇 가지에 대해 이야기 해보겠습니다.

진부하고 막연한 말이지만 그래도 다시 한 번.

"boys, be ambitious!"

1. 많이 접하게 하자

상담을 하다보면 자신이 무엇을 좋아하고 무엇을 잘하는지 모르는 청소년이 생각보다 많습니다. 그들의 유소년기와 지금까지의 생활을 보면 몇 가지 공통점이 있습니다. 부모의 양육태도에 비난과 지적이 많거나 부모가 지나치게 우울하거나 불안장애가 있는 분도 있습니다. 그리고 자기 또래의 아이들보다 평균적으로 무언가를 해본 경험이 적다는 것입니다. 공통적으로 이야기 하는 것은 특별한 놀이와 여행 같은 경험이 많이 부족하고 또래와 같이 지내는 시간도 부족합니다. 흔한 체험 활동도 없는 경우가 많습니다. 또 그 나이에 흔히 할 수 있는 일탈도 부족하며 스스로 하는 경험이 없는 경우도 있었습니다.

꿈의 시작은 독서와 다양한 놀이에서 비롯될 수 있습니다. 자녀는 독서와 체험활동을 포함한 많은 놀이를 통해 자극을 받고 원하는 것과 좋아하는 것을 추구할 수 있는 힘이 생깁니다. 이런 다양한 자극은 하고 싶은 것, 이루고 싶은 것에 대한 갈망을 만들어 줍니다. 유소년기의 이런 자극은 청소년기에 오면 좀 더 구체화, 현실화되는 과정을 거치면서 꿈에 한 발 더 가까이 가게 됩니다.

2. 꿈을 구체적으로 표현할 수 있게 도와주자

아이에게 좋아하는 것이 생기면 그것을 자주 표현하고, 스스로 생각하고 찾아보도록 합니다. 이것은 꿈을 키우는 키포인트라 할 수 있는데, 오랜 시간 동안 계속되어야 합니다. 그동안 부모가 할 수 있는 가장 좋은 태도는 진지하게 들어주고 관심을 가지고 자녀가 표현하는 것에 대해 긍정적 피드백을 주는 것입니다. 이 과정에서 부모가 자녀의 꿈을 앞서서 끌어주지 않아도 방해(?)만 하지 않는다면 자녀는 스스로 조금씩 꿈을 키워 나갈 것입니다.

유소년기의 내성적인 자녀의 꿈은 구체적으로 표현되지 않기 때문에 부모가 모를 수 있습니다. 아이가 원하는 것은 사소한 것이라도 무시하지 말고 이야기를 하거나 의견을 자주 물어봐 주면 도움이 됩니다. 아이는 표현이 서툴러서, 어떻게 해야 할지 몰라서 더 이상 부모에게 말하지 못하는 경우도 많습니다. 캠프와 같은 체험학습도 자녀에게 많이 묻고 이야기를 해서 정하는 것이 좋습니다. 일방적으로 보내는 체험활동은 오히려 반감만 쌓이기도 합니다. 여러 체험활동에 대한 이야기를 하다보면 아이가 좋아하고 흥미를 가지고 있는 것이 눈에 보이는 경우가 많습니다.

청소년 시기에는 부정적인 피드백으로 기를 죽이지 않으면 됩니다. 긍정적으로 자녀의 꿈을 바라봐주면 아이는 '아빠는 내 편'이라는 인식이 생겨 자신의 꿈에 대한 이야기를 더 하고 싶어합니다.

3. 나의 꿈이 아니라 자녀의 꿈이라는 것을 명심하자

객관적인 스펙으로는 성공을 한 것처럼 보이는 사람이 현재의 상황에 크게 만족하지 못하는 경우가 있습니다. 두 가지 이유가 있습니다. 첫째로 어느 부모나 자신이 부족했던 부분을 자녀에게 채워주려는 경향이 있습니다. 이것이 자녀의 장래희망으로 옮겨가기도 합니다. 자신이 의대를 진학하지 못한 것이 후회가 된 아버지는 딸에게 의대를 가야 한다는 이야기를 유소년기부터 지속적으로 하게 됩니다. 비록 아이는 의대를 진학했지만 자신이 의사가 된다는 것에 대한 기쁨보다는 많은 걱정으로 불안해합니다.

또 하나는 현실적인 이유로 부모가 원하는 방향으로 자녀를 끌고 가는 것입니다. 부모의 눈에는 특별한 재주도 없고 반항도 심한 아들에게 자신이 일하고 있는 건설회사에 취직을 시키고 자신이 퇴직하기 전에 어느 정도 자리를 잡아 주려고 합니다. 지금처럼 청년백수가 넘치는 시대에 부모로서 최선을 다한 것처럼 보이지만 아들은 그 회사에 아무런 정이 없습니다.

이처럼 아이의 꿈이 아닌 부모의 꿈으로 자녀가 성장하면 더 이상 그 일을 이루어 나갈 수 없습니다. 일을 하다 보면 어려움이 생기기 마련인데, 이때 자녀는 그것을 해결하기보다는 오히려 '잘 됐네.'라는 마음으로 방관하게 됩니다. 만약 자신이 꿈꾸었던 일이라면 적극적으로 헤쳐나가려고 노력했을 것입니다. 꿈은 긴 여정이라고 말씀드렸습니다. 꿈은 어느 지점에 도달하는 것이 아니라 삶과 같이 계속 이어지는 것입니다.

4. 꿈이 능력을 만들기도 한다

가끔은 부모가 자녀에 대해 부정적인 의견을 말하는 경우가 있는데, 그것은 곧 자신들에 대한 부정적인 생각 때문인 경우가 있습니다. "아니, 우리 아이가 그걸 어떻게."라고도 말합니다.

상담을 하다 보면 객관적인 지능지수도 훌륭하고 인지적인 발달도 또래에 비해 좋지만 현재의 처한 위치가 어울리지 않는 청소년을 만나곤 합니다. 이런 경우 개인적인 가족사를 제외하고 보면 대부분의 경우 무언가를 하겠다는 의지가 없는 경우가 많습니다. 꿈이 없는 경우입니다. 원하는 것, 하고 싶은 것이 없으니 가지고 있는 재능은 무용지물일 뿐입니다. 반대의 경우도 있습니다. 그 사람은 타고난 재능이 많아서 그 일을 이룬 것처럼 보이지만 오랜 시간 많은 노력과 역경을 헤쳐 힘들게 이뤄낸 경우입니다. 우리는 결과를 보고 그 사람의 재능을 부러워하지만 사실은 꿈을 가지고 노력을 하다 보니 재능이 업그레이드 된 경우가 더 많습니다.

자녀가 좋아하는 어떤 것을 시작하게 되면 부모는 그 일의 성과가 나오기를 희망합니다. 그러나 당장의 성과가 없더라도 기다려 주는 것이 좋습니다. 좋아서 하고 있다면 과정에서 자녀의 능력이 업그레이드 되는 시기는 옵니다. 최소한 그 시기까지 기다려 주는 것이 최선입니다.

5. 꿈은 비난으로 죽고 칭찬으로 산다

앞에서 부모의 꿈이 자녀의 꿈을 망칠 수 있다고 하였습니다. 그러면 꿈을 키우는 긴 과정에서 가장 흔히 자녀가 꿈을 포기하거나 꿈이 없다고 하는 이유는 무엇일까요? 그 꿈이 너무 원대하고 혹은 너무 비현실적이었기 때문일까요? 아니면 현실적인 어려움이 너무 많아서 꿈을 포기 했을까요? 지나치게 원대한 꿈도 현실적인 이유도 꿈을 포기하는 이유가 됩니다. 그런데 생각보다는 사소한 것 때문에 꿈이 사라지는 경우가 많았습니다. "먼 길을 가는데 포기하는 것은 길이 멀어서가 아니라 신발에 들어간 작은 돌멩이 때문이다."라는 이야기가 있습니다. 상담을 하면서 꿈이 없다고 하거나 꿈을 불신하거나 무서워하는 내담자 중에 심리적인 문제로 꿈을 포기하는 사람들이 많습니다. 그 심리적 문제는 주변에서 자주 듣는 비난과 지적 그리고 반복되는 부정적 의견 등에 의해 생기는 경우가 많았습니다.

"이것도 못하면서 그게 되겠니?"

"그거 해서 뭐하려고 그러니?"

"안 되면 어떡하니?

사실 흔히 할 수 있는 자잘한 부정적인 말과 표정, 행동이 아이들에게는 신발의 작은 돌멩이가 되는 것을 많이 보았습니다. 꿈은 과거가 아니고 미래에 일어나는 일이기에 실패도 성공도 모두 공존합니다. 그러나 지금부터 '안 될 거야.'라는 부정적인 마음을 가지고 꿈이 이루어지기는 힘들 거라 생각합니다. 또 꿈은 여정이고 과정인데 꿈이 이루어졌다고 해도 긴 여정 동안 부정적인 마음으로 행복하지 못했다면 꿈이 꿈으로서의 가치가 있을까요?

6. 꿈이 있기에 좌절도 실망도 한다.

간혹 부모들이 자녀에게 더 이상 실망을 하지 않는 경우가 있습니다. 그것은 더 이상의 기대가 없기 때문이다. 실망도 좌절도 기대하는 바가 있고 원하는 것이 있을 때 생기는 것입니다. 부모님의 정서가 부정적이거나 불안하면 많은 기대를 하다가 실망하는 것에 매우 취약합니다. 그러기에 많은 기대를 하지 않아도 되는 보다 안정적이며 변화가 적고 예측 가능한 것을 좋아합니다. 이런 부모들은 꿈에 대해 별로 생각하지 않습니다.

저는 여기서 자녀의 실망과 좌절을 논하기 전에 부모님의 실망과 좌절이 더 중요하다고 말하고 싶습니다. 가끔 상담에서 본인보다 더 크게 실망하는 부모 덕분에 아이들이 죄책감에 빠지거나 포기하는 경우를 보곤 합니다. 부모 역시 많은 기대를 했기에 실망할 수 있지만 자신의 실망 때문에 자녀가 꿈을 포기하는 일이 생긴다면 이것은 대단히 잘못된 것입니다. 자녀에 대한 적절한 기대와 일이 끝나고 나면 다시 도전할 수 있게 용기를 주는 것이 좋은 멘토로서의 역할입니다.

전 꿈이 있는 사람은 청춘이든 노년이든 아플 수 있다고 생각합니다. 꿈이 없다면 아플 것도 없습니다. 대신 행복하지는 않을 것 같습니다.

7. 꿈은 비현실적이어도 괜찮다

특히 현실적인 성향이 강한 부모들은 자녀의 꿈이 비현실적이라고 걱정합니다. 그런데 '라이트 형제'가 비행기를 만들겠다고 했을 때 과연 그 꿈은 실현가능한 꿈이었을까? 아마 말도 안되는 비현실적인 꿈에 주변 사람들도 많이 수군거렸을 것입니다. 또 라이트 형제 이전에 또는 동시대에 하늘을 나는 물건을 만들겠다는 생각을 가진 사람은 과연 몇 명이나 있었을까요? 확인할 길은 없지만 많은 사람들이 있었을 것입니다.

그때도 지금도 많은 사람이 비현실적인 꿈을 꿉니다. 비현실적인 꿈은 좋은 꿈일까요? 나는 꿈을 향해서 가고 있다면 모든 비현실적인 꿈도 현실이 될 수 있다고 생각합니다. 노력이 없다면 아무리 현실적인 꿈이라도 몽상일 뿐입니다. 당장 중간고사에서 10점을 올리는 것이 꿈인데, 공부를 하고 있지 않다면 그것은 몽상입니다. 그러나 전교 꼴등을 해도 3년 뒤에 서울대학교에 가겠다며 자신이 할 수 있는 노력을 하고 있다면 이것은 꿈입니다.

자녀가 황당한 꿈을 이야기를 하더라도 비웃거나 혼을 낼 일이 아닙니다. 지금은 그 꿈을 위해 무엇을 할지 머리를 맞대고 서로 이야기를 할 때입니다.

가족은 행복의 시작이자 끝이다

가끔 상담이나 지인들과 대화를 하다보면 '가족', '양육' 이라는 단어만큼 이율배반적인 것이 있을까 하는 생각을 하곤 한다. 가족은 당연히 소중하다고 말하면서 가끔은 너무 진부하다고도 한다. 사회적 이슈가 되는 범죄사건이 터지면 그 사람의 가족 환경과 양육환경을 들이대기도 하지만, "부모 탓 좀 그만 해라."라는 말도 쉽게 한다.

상담을 하다 보면 본인 외에 부부 혹은 가족 상담으로 연결되는 경우가 부지기수다. 상담의 성공 여부가 내담자 개인보다는 가족과 연관되는 경우가 많고, 내담자 한 명을 상담하는 것보다 가족 전부를 만나는 것이 상담에 더 좋은 효과를 나타내는 경우도 많다. 아무리 내담자와 원활한 상담이 진행되어도 결국은 가족 모두가 협조하지 않으면 상담이 어려워지는 경우도 있다. 반대로 내담자는 상담에 비적극적이지만 가족이 적극적으로 상담에 참여하고 노력함으로써 상담의 원래 목적이 이루어지는 경우도 있다. 이처럼 가족은 개인의 영달과 행복에 많은 영향을 차지한다.

우리는 100년도 되지 않은 시간동안 많은 변화를 겪었다. 일제 강점기 하에서 독립을 하였고, 전쟁을 겪었으며, 가장 못사는 나라에서 OECD 회원국이 되었다. 이런 사회적, 정치적, 경제적, 문화적인 변화는 앞으로도 계속될 것이다. 그렇다면 이런 변화 속에서 각 개인의 행복에 가장 중요한 요인은 무엇일까? 경제적, 기술적 발전이 행복을 보장하지는 못한다. 우리는 더 많이 발전하고 있지만 더 행복하다고 느끼지는 않는다. 오히려 최근에는 심리적, 정신적 어려움과 질환이 늘어나고 있다. 결국 예측하기 힘든 미래에 우리가 행복할 수 있는 조건은 '가족'에서 찾아야 한다. 얼마 전 한 내담자는 집을 싸게 분양 받아 많은 이득을 얻었다며 이렇게 말했다.

"하나도 기쁘지 않습니다. 가족이 이 모양인데 뭐가 행복하겠습니까?"

세금, 죽음 그리고 양육

사람이 살아가면서 피할 수 없는 것이 '죽음'과 '세금'이라고 한다. 나는 여기에 '양육'을 더하고 싶다. 만약 모든 사람이 양육을 피한다면 (극단적이지만) 더 이상 인류는 존재하지 않을 것이다.

피할 수 없는 세금도 잘 내고 잘 써야 국민이 행복하다. 매일같이 세금이 잘못 사용되었다는 기사가 나올 정도다. 그래서 모두가 불행하고 힘든 것일까? 최근에는 '웰 다잉(Well-Dying)'이라고 하여 잘 죽는 것에 대한 관심이 높다. 죽음 역시 피할 수 없으니 잘 죽어야 하는데, 양육도 마찬가지다.

결혼율도, 출산율도 최하위 국가이지만 방송에는 육아프로가 넘쳐난다. '조카 바보'라는 신조어가 생길만큼 조카를 사랑하는 이모, 삼촌이 주위에 많다. 자신은 아이는 양육하지 않으면서 육아 프로로 대리 만족하거나 즐거워한다.

나는 육아프로를 잘 보지 않는다. 실제 육아는 방송보다 훨씬 힘들고 어려운 일이다. 양육은 이벤트도 아니고 일회성도 아니다. 화려하지도 않고 가끔은 너무 지루할 수도 있으며 특별히 티도 나지 않는다. 기분 좋을 때 몰아서 할 수도 없으며 힘들다고 미루고 나중에 할 수도 없다. 유아기, 유소년기, 사춘기마다 해야 하는 일이 바뀌며 방법도 다르다. 그렇다고 공부하듯이 미리 학습하지도 못하고, 한다 해도 잘 알지도 못한다. 너무 시간이 안 가는 것 같지만 어느 순간에는 너무 빨리 가서 다시 과거로 돌아가고 싶기도 한다. 잘하고 있는 것인지 점수를 매길 수도 없으며 뜻하지 않는 일도 쉽게 생겨서 당황하기도 한다. 차라리 다른 것으로 대체하는 것이 인생에 더 의미가 있지 않을까 고민도 하게 된다. 사회에 나가서 일을 한다든지, 재테크를 잘하거나, 무언가 더 눈에 보이는 성과로 대체하는 것이 좋다고 생각할 수도 있다. 양육은 이렇게 시행착오를 겪으면서 할 수 있는 최선을 다해야 하는 것이다.

희망이가 군대를 가고 얼마 지나 군대에서 편지가 왔다. 무슨 일이 있나 걱정을 했지만 편지에는 '부모님에게 감사한 것 50가지'가 담겨 있었다. 아마 훈련이 끝나고 하는 프로그램의 일종인 것은데, 몇 장의 종이에 빼곡히 50가지의 이야기가 적혀 있었다. 엄마, 아빠의 장점부터 우리가 즐겁게 놀고 여행했던 이야기, 자신의 꿈을 지켜주었던 이야기, 아팠을 때 간호해주던 이야기 등 자라면서 기억하고 있던 많은 것을 적었다. 지금도 편지를 읽을 때의 당시의 감동을 잊지 못한다.

가끔 두 아이를 보고 있으면 그래도 잘 키웠다는 생각을 한다. 그것은 단지 아이들이 공부를 잘한다는 의미가 아니다. 두 아이 모두 고집도 있고, 단점도 있다. 그러나 다른 사람을 배려하고 이해하는 능력이 좋다. 어려움을 참을 줄도 알고, 리더의 역할도, 혹은 부원의 역할도 잘 수행한다. 망상 같은 꿈도 꾸지만 현실적인 목표를 향해 매진하기도 한다. 아이의 모든 면이 다 반짝반짝 빛이 난다.

좋은 양육이란 무엇일까요?

사실 한마디로 정리하기엔 너무 어렵다. 수많은 내담자들은 다양한 이유로 불행하다고 느낀다. 불행의 이유에는 어느 정도 공통점이 있었는데, 잘못된 양육태도에 의한 낮은 자존감과 부정적인 사고방식으로 스스로 불행하다고 느끼고 있었다. 그렇다면 좋은 양육은 아이의 자존감을 올리고 긍정적인 사고를 할 수 있도록 하는 것이라 할 수 있다.

앞에서 독서, 놀이, 학습, 대화, 꿈의 5가지 주제에 대한 우리의 이야기를 했다. 이 5가지 요소를 적절히 계획하고 성취하도록 한다면 '자존감'과 '긍정적 마음'을 얻게 될 거라고 생각한다.

자녀의 양육은 동화 속 황금알을 낳는 거위와 같다. 거위는 즐겁고 행복한 음악을 들으면 황금알을 낳는다. 그런데 거위는 하나의 황금알에 만족하지 못하거나 알이 작다고 거위를 닦달하거나 스트레스를 주면 그나마 낳던 알도 낳지 못한다. 최악은 거위의 배를 갈라서 황금을 찾는 오류를 범하는 것이다.

상담을 하면서 수없이 느끼는 것이지만, 우리가 매일 보는 우리의 아이는 황금알을 낳는 거위이다. 우리에게 필요한 것은 아이들이 재능을 펼칠 때까지 기다려주고 좋은 하프 소리(양육)로 아이들의 마음을 안정시켜 주는 것이다.

아이는 너무나 훌륭한 재능을 가지고 있는데, 부모는 자녀의 재능을 모르고 힘들어 한다. 정서적으로 힘들어 하는 내담자들을 보면 안타깝다. 또 자신이 가진 능력에 만족하지 못하는 현실에 아파하는 청소년을 보면 미안한 마음도 든다. 그리고 자신이 무능하고 가치가 없다고 생각하는 그들에게 자신의 잘못이 아니라고 말해 주고 싶다.

행복한 삶을 위한 유소년기의 부모의 역할의 중요성과 청소년들에 대한 이해, 그리고 요즘 가장 문제시 되는 가족에 대한 소중함을 더욱 알게 되었다. 유소년기의 교육 및 양육태도에 정답은 없다. 교과서에 나오는 방법으로 모든 자녀들을 똑같이 대할 수 없다. 아이들은 다 같아 보여도 하나도 같지 않다.

청소년을 이해하는 것에 쉬운 방법이란 것도 없다. 그래도 두 아이를 키우고 전문 상담사로 일을 하다 보니 옳고 좋은 방향은 있는 것 같다. 해체되어 가는 가족의 중요성을 다시 복원시키는 정책이 쉽지는 않겠지만, 이것은 모두가 고민해야 하고 어쩌면 가장 중요하게 다루어야 할 문제이다.

우리는 사회적, 문화적, 경제적으로 눈부시게 발전하고 있지만 우리 사회가 행복한가,라는 의문은 지금 가장 중요한 질문이다. 질문에 대한 답을 찾다보면 가족의 문제, 그중에도 부모와 자녀와의 관계부터 재정립해야 한다는 결론에 도달하게 된다.

벌써 이 글을 쓰기 시작한 지 6년이란 시간이 흘렀다. 하루 종일 글을 쓰는 일에 몰두할 수는 없었다. 엄마로, 상담가로서 바쁜 시간을 보냈다. 처음에는 아이들과의 경험 위주로 쓰려고 했는데, 할 말이 많았나 보다. 점점 일이 커져 '가족과 양육'에 대한 것으로 범위가 넓어졌다.

내가 아이들을 양육한 방법이 최선이거나 정답이라고 말할 수는 없다. 엄마나 전문가로서 잘못하거나 창피한 기억도 떠오른다. 아이들에게 상처를 준 적도 있었다. 그래도 잘 자라준 아이들을 보면 전반적으로 좋았을 거라고 생각한다. 이 책을 같이 써주고 양육을 함께 해준 남편에게 고맙다.